EN ROUTE VERS LES PÉNURIES ?

IL Y A UNE ALTERNATIVE...

© CRAPS, 2025.

RÉGIS DE LAROULLIÈRE

EN ROUTE VERS LES PÉNURIES ?

IL Y A UNE ALTERNATIVE...

CERCLE DE RECHERCHE ET D'ANALYSE
SUR LA PROTECTION SOCIALE

SOMMAIRE

Avant-propos	11
Préambule	17
PARTIE I. En route vers les pénuries ?	21
Chapitre I : Les pénuries augmentent	23
Chapitre II : Les pénuries vont s'accroître	35
Chapitre III : La pénurie de travailleurs va aussi augmenter	45
Chapitre IV : L'effet comparatif aggrave notre ressenti de cette évolution	59
Chapitre V : Nos élus peuvent-ils nous protéger des pénuries ?	69
Chapitre VI : La dette peut-elle nous aider face aux pénuries ?	81
Chapitre VII : Pouvons-nous nous endetter davantage ?	91
Chapitre VIII : L'argent des autres peut-il aider à limiter les pénuries ?	105
Chapitre IX : Quelle contribution l'IA peut-elle apporter ?	125
Chapitre X : Distribuer du pouvoir d'achat ou élever notre niveau de vie ?	135
Chapitre XI : Le risque de crise si nous ne faisons rien	143

PARTIE II. Il y a une alternative...   153

Chapitre XII : À l'inverse, nous pouvons augmenter significativement notre niveau de vie   155
Chapitre XIII : L'importance des réserves de travail mobilisables   163
Chapitre XIV : Les Français aiment travailler, pour eux   175
Chapitre XV : Rendre le travail plus attractif, par la rémunération   187
Chapitre XVI : Mobiliser les autres leviers d'attraction du travail   197
Chapitre XVII : Mobiliser les leviers d'action spécifiques au secteur public   207
Chapitre XVIII : Une évolution culturelle et langagière utile   217
Chapitre XIX : Mieux aligner les intérêts   231
Chapitre XX : Recentrer la gratuité apparente   247
Chapitre XXI : Tout commence à l'école   261
Chapitre XXII : Des politiques ou des prophètes ?   273

Conclusion : Avoir envie d'avoir envie   279

AVANT-PROPOS

En route vers les pénuries ? Étonnant questionnement, alors que notre État-providence est massivement redistributif et que le recours à la dette publique entretient à la fois une croissance économique et un confort douillet pour une majeure partie de la population, aux dépens des investissements d'avenir, de la compétitivité et paradoxalement, des conditions de vie des moins favorisés !

Le débat en France débute enfin, tardivement, alors que l'opinion n'a pas encore pleinement conscience de l'ampleur des menaces qui pèsent sur notre pays, et qu'une part significative de la population subit déjà, et subira plus encore demain, les effets du déclassement et l'attrition de son niveau de vie. À titre de comparaison sur les dynamiques à l'œuvre, le PIB par habitant de l'Italie, à parité de pouvoir d'achat, a rattrapé celui de la France en 2024 et notre voisin enregistre même des excédents budgétaires !

EN ROUTE VERS LES PÉNURIES ?
IL Y A UNE ALTERNATIVE...

Les incertitudes que la situation du pays fait peser sur la pérennité de notre système de protection sociale ne peuvent plus être occultées. Pour nourrir le débat nécessaire, nous donnons la parole à des personnalités pouvant transmettre librement le fruit de leur expérience au service du projet d'étude et de recherche poursuivi par le CRAPS, qui s'inscrit pleinement dans le pacte républicain comme dans le droit fil de l'école solidariste.

Cet ouvrage trouve naturellement sa place dans la collection « Opinions et convictions », déjà nourrie par plusieurs publications. Régis de Laroullière nous offre un vaste ensemble d'analyses personnelles, faisant appel à sa riche expérience professionnelle ainsi qu'à l'analyse sociologique. Il nous paraît pleinement s'inscrire dans le momentum du débat public. Car les solutions que nous devons trouver pour sauvegarder notre pacte social ne sauraient provenir d'un « prêt à importer » émanant de consultants internationaux. Il est frappant de constater combien les systèmes de santé comme les systèmes de protection sociale s'inscrivent dans la continuité de choix politiques, parfois séculaires,

AVANT-PROPOS

comme dans le déterminisme de fondamentaux identitaires des peuples.

Il n'existe en réalité aucun système de protection sociale de référence, mais des tendances lourdes, marquées par « une communauté d'idées, d'intérêts, d'affections, de souvenirs et d'espérances » qui font l'Histoire d'un pays, comme l'écrivait jadis Numa Denis Fustel de Coulanges.

En matière de santé, par exemple, la plupart des pays développés, comme plusieurs pays émergents engagés dans une politique de développement humain, ont choisi la voie des « national health systems ». Or, on constate qu'aucun système d'offre publique d'organisation et de financement ne sait faire face à l'étendue de la demande d'accompagnement et de soins, voire à l'intégralité de celle de « soins médicalement requis ». Dans les démocraties, il n'existe pas d'offre de soins ou de financement qui soit intégralement publique. Cela tient assurément à la rareté des ressources, toujours limitées dans une économie libérale comme dans une économie administrée, autant qu'à l'étendue, sans limite, de la demande.

EN ROUTE VERS LES PÉNURIES ?
IL Y A UNE ALTERNATIVE...

Si, par exemple, une politique volontariste d'étatisation de l'offre de soins et de biens médicaux est nécessaire en cas de guerre ou de crise sanitaire, pour la disponibilité d'infrastructures critiques et de médicaments, l'ériger en principe d'action conduit de facto à la mise en place d'un rationnement. Les grands pays qui ont pris cette voie, comme le Royaume-Uni, le Canada ou l'Espagne, en ont fait l'expérience. Ils ont vu émerger en parallèle une médecine privée et un système de financement privé duplicatif. Ainsi, en bénéficiant d'une assurance privée, les citoyens peuvent s'y affranchir du rationnement de soins qui sévit dans le secteur public et accéder à des spécialités médicales ou au médecin de leur choix sans de longs mois d'attente. Système choquant pour notre sens français de l'égalité. Mais cette inégalité visible est-elle si éloignée de l'inégalité réelle d'accès aux soins qui sévit chez nous, masquée par l'égalité formelle et apparente de notre généreux système de protection sociale ? N'en irait-il pas de même pour l'indemnisation de la perte d'emploi ou pour les pensions de retraite, lorsqu'on a habitué un peuple à recevoir des subsides publics sans référence à la

AVANT-PROPOS

réalité du risque, ni à la réalité du financement de ces prestations ?

Face aux défis financiers, technologiques, démographiques et de civilisation qui se présentent à nous, Régis de Laroullière nous présente son analyse fine de la situation, ainsi que des voies de transformation à méditer pour « changer de logiciel », comme on dit maintenant. Bonne lecture !

Didier Bazzocchi
Président du Cercle de Recherche et d'Analyse
sur la Protection Sociale (CRAPS)

PRÉAMBULE

Mes chers concitoyens,

C'est à vous, qui formez le peuple souverain, que je m'adresse, et à ceux qui ont vocation à en devenir membres, en acquérant le droit de vote : mineurs, migrants. La France est la patrie de nos enfants.

Beaucoup de choses vont bien dans notre beau pays, mais beaucoup se dégradent. Outre les menaces externes, l'inquiétude et le sentiment de risque de déclassement augmentent. Il n'y a pas de consensus sur la direction dans laquelle chercher des solutions. Que faire ?

Peut-on convaincre ? La réalité met du temps à s'imposer aux croyances, parfois beaucoup : nous connaissons bien l'histoire de Galilée, condamné en 1633 à l'incarcération s'il ne revient pas sur son affirmation selon laquelle c'est la Terre qui tourne autour du Soleil et non l'inverse : ce n'est qu'un siècle plus tard que la preuve irréfutable sera faite. Dans un premier temps, l'Église acceptera alors progressivement que les œuvres de Galilée soient

EN ROUTE VERS LES PÉNURIES ?
IL Y A UNE ALTERNATIVE...

publiées, puis d'autres défendant la même thèse, mais ce n'est qu'en 1992 qu'elle a reconnu son erreur et réhabilité Galilée.

Faut-il pour autant renoncer à chercher à comprendre et à convaincre ? Les faits sont têtus, selon la formule attribuée à Lénine. Convaincre est peut-être encore plus difficile aujourd'hui qu'hier, avec les caractéristiques des médias sociaux : les algorithmes renforcent nos croyances en triant les informations qu'ils nous présentent, et jouent sur les émotions qui les renforcent pour générer du trafic.

J'ai néanmoins souhaité partager avec vous quelques convictions acquises au gré de mon expérience, mais aussi des interrogations, sans chercher à être exhaustif, et en concentrant mon propos sur les changements qui caractérisent notre époque, les pénuries qui se développent, et sur les conséquences à en tirer en matière de travail et de niveau de vie.

Subirons-nous ou saurons-nous nous adapter, choisir une voie et nous y tenir, voire anticiper

PRÉAMBULE

pour retrouver prospérité et davantage de bonheur et de souveraineté ?

En disant « nous » et en espérant ouvrir un débat.

PARTIE I
En route vers les pénuries ?

CHAPITRE I

Les pénuries augmentent

À l'évidence, nous sommes encore un pays riche

Avec un PIB par tête de 44 700[1] dollars en 2023, nous nous situons au 23ᵉ rang mondial, un peu en dessous de la moyenne de l'OCDE (47 700), et de celle de la zone euro (45 100)[2]. La moyenne mondiale n'est que de 13 200.

Si les pays les plus riches sont principalement de petits pays comme le Luxembourg (129 000), l'Irlande (104 000) ou la Suisse (100 000), jouant un rôle de paradis fiscal, les États-Unis écrasent le classement des grands pays (82 800).

Les pays qui nous sont les plus comparables ont des écarts significatifs, comme l'Allemagne (54 300, 22% de plus que nous dans ce classement), l'Italie (39 000, 13% de moins que nous) ou l'Espagne

---

[1] Pour faciliter la lecture, les chiffres sont arrondis.

[2] Banque mondiale. *PIB par habitant ($ US courants) - OECD members, World, Euro area.* donnees.banquemondiale.org

EN ROUTE VERS LES PÉNURIES ?
IL Y A UNE ALTERNATIVE...

(33 500, 25% de moins que nous). Parmi ceux qui nous dépassent, notons le Danemark (68 500, +53%) et les Pays-Bas (64 600, +44%).

C'est beaucoup plus que dans les pays les plus peuplés de la planète : 12 600 en Chine et seulement 2 500 en Inde. C'est bien davantage encore que dans les pays les plus pauvres, avec 1 600 pour l'Afrique subsaharienne (dont l'Afrique du Sud 6 000) et au plus bas de l'échelle, 200 pour le Burundi.

Cela étant, la répartition au sein de notre population n'est pas homogène. Le revenu médian mensuel dans notre pays est de 2 000 euros en 2022, soit un revenu annuel de 24 000 euros pour une personne seule. Le seuil de pauvreté est conventionnellement défini comme une fraction de ce revenu médian. 8,1% de la population a un revenu après transferts sociaux inférieur au seuil de 50%, soit 1 000 euros[3] pour une personne seule, et 14,4% au seuil de 60%, soit 1 200 euros[4].

---

[3] Observatoire des inégalités. *Les chiffres-clés de la pauvreté en France.* 03 décembre 2024. inegalites.fr

[4] Observatoire des inégalités. *Quel est le nombre de pauvres en France et comment évolue-t-il ?* 17 juillet 2024. inegalités.fr / Insee. *L'essentiel sur... la pauvreté.* 06 mai 2025. insee.fr

LES PÉNURIES AUGMENTENT

Le seuil de la richesse, défini par l'Observatoire des inégalités, également de façon conventionnelle, est pour sa part de deux fois le revenu médian, soit 4 000 euros en 2022. Seulement 7,4% d'entre nous ont un revenu qui lui est supérieur. Ce seuil conventionnel peut paraître faible, le chiffre de 5 000 euros par mois est une référence plus courante. Et il faut monter à 10 000 euros par mois, avant impôts, pour séparer le 1% qui a un revenu supérieur des 99% qui ont un revenu inférieur[5].

À l'évidence, nous faisons partie des pays riches, et même au seuil de pauvreté dans notre pays, voire au RSA (7 758,24 euros par an pour une personne seule[6], à augmenter de l'APL), nous sommes au-dessus du revenu médian mondial.

Mais nous régressons

Cette position flatteuse dans les palmarès ne suffit pas à nous rassurer sur notre niveau de vie, plus particulièrement pour ceux d'entre nous qui sont

---

[5] Insee. *Les revenus et le patrimoine des ménages.* Édition 2024. 17 octobre 2024. insee.fr

[6] *Quel est le montant du RSA en 2025 ?* 08 avril 2025. mes-allocs.fr

EN ROUTE VERS LES PÉNURIES ?
IL Y A UNE ALTERNATIVE...

en dessous du revenu médian. Il est vrai que la tendance naturelle dans tout classement est de se comparer davantage à ceux qui sont devant qu'à ceux qui sont derrière, et plus encore lorsqu'il s'agit de richesse ou de niveau de vie.

Mais au-delà de cette constatation d'ordre général, de l'ordre de la perception, il est une réalité : nous régressons dans les comparaisons internationales. En termes de classement, nous étions en 7e position en 2000 en ce qui concerne le PIB par tête, nous sommes passés à la 23e. En termes de niveau relatif, nous sommes passés de 4,8 fois la moyenne en 2005 à 3,4 fois en 2023[7].

Par rapport à l'Allemagne, nos PIB par tête étaient quasiment égaux en 2005, respectivement 27 900 euros (France) et 28 200 euros (Allemagne). L'écart est à présent de 22%. Nous avons régressé de plus de 1% par an en moyenne sur la période de 2005 à 2023[8].

---

[7] Banque mondiale. *PIB par habitant ($ US courants) - France, United States, World.* donnees.banquemondiale.org

[8] Banque mondiale. *PIB par habitant (monnaies locales courantes) - France, Germany.* donnees.banquemondiale.org

LES PÉNURIES AUGMENTENT

Cette évolution différentielle est en elle-même de nature à contribuer à un sentiment de manque, de plus en plus marqué à mesure que le temps passe et que l'écart s'accroît.

Abondance et gaspillages demeurent nombreux

Pourtant, et même si les Trente Glorieuses qui se sont achevées en 1974 avec le premier choc pétrolier sont un souvenir lointain, nous vivons encore largement dans une société d'abondance. Grâce à l'État-providence, on ne meurt pas de faim en France, l'accès aux soins est gratuit pour les plus démunis, la santé et l'éducation sont essentiellement gratuits, le niveau de sécurité est élevé.

Dans de nombreux secteurs, les gaspillages sont importants. Ils atteignent par exemple un tiers pour l'alimentation (13% entre la récolte et la vente au détail et 19% dans les ménages, les services de restauration et la vente au détail[9]) au niveau mondial et davantage dans les pays développés.

---

[9] Nations Unies. *Contre les pertes et le gaspillage de nourriture. Pour l'humanité. Pour la planète.* un.org

EN ROUTE VERS LES PÉNURIES ?
IL Y A UNE ALTERNATIVE...

Cette proportion est même supérieure pour l'habillement[10], notamment sous l'effet de la mode et de la fast fashion, sans compter les vêtements achetés et très peu portés.

Mais le sentiment de manque se développe

Quoi qu'il en soit, depuis quelques années, le sentiment de manque se développe. Depuis 2021, le sujet du pouvoir d'achat est régulièrement en tête des préoccupations des Français où il a d'une certaine façon pris la place du chômage, aux côtés de la sécurité, de l'immigration, du réchauffement climatique, et plus récemment de l'instabilité économique (liée à l'inflation, aux crises économiques, à la transition énergétique, et depuis peu à la dette et à la politique américaine).

Il ne s'agit pas seulement d'un sentiment. Les ruptures d'approvisionnement ou les délais de commande, ainsi que des hausses sectorielles de prix consécutives à des raréfactions de l'offre, sont devenus une réalité.

---

[10] Parlement européen. *Production et déchets textiles : les impacts sur l'environnement (infographies)*. 12 avril 2024. europarl.europa.eu / Yamana. *Le gaspillage de vêtements dans le monde.* yamana-rse.fr

LES PÉNURIES AUGMENTENT

Peut-être l'épidémie de Covid a-t-elle joué un rôle de déclencheur. Il y a eu l'épisode des masques. Mais la mobilisation générale sur ce sujet, et tout particulièrement de l'usine du monde qu'est devenue la Chine, a permis d'y remédier. Puis il y a eu la désorganisation du commerce mondial, avec retards et ruptures d'approvisionnement qui se sont ressentis notamment dans l'industrie automobile où les délais de livraison ont explosé, provoquant en rebond une hausse du prix des véhicules d'occasion.

La guerre d'Ukraine a ensuite provoqué d'importantes hausses des prix de l'énergie qui, malgré les boucliers tarifaires, ont accentué les sentiments de manque et pesé sur les budgets pourtant adaptés par les autolimitations de consommation.

Les ruptures d'approvisionnement de médicaments en pharmacie, sans être de grande ampleur, sont devenues une expérience fréquente.

Et plus récemment, la difficulté à se loger, qu'il s'agisse d'acquérir un bien, de le louer sur le marché

EN ROUTE VERS LES PÉNURIES ?
IL Y A UNE ALTERNATIVE...

libre ou d'obtenir une place dans l'habitat social, est croissante, si bien que le nombre de personnes sans logement est lui-même en augmentation.

S'agit-il de situations temporaires, qui se résorberont avec l'adaptation du marché et de l'offre, ou avec la baisse des taux d'intérêt pour ce qui concerne le logement ? Peut-être pour celles précédemment évoquées, mais d'autres apparaissent plus solidement installées.

Des pénuries sont devenues chroniques et augmentent

Le manque de médecins et l'extension des déserts médicaux sont certainement l'un des cas les plus emblématiques de pénuries. L'expression est apparue à la fin des années 1990, bien que le phénomène ait été observé de manière moins formelle bien avant cette période. À l'époque, il s'agissait de 20% du territoire (rapport du ministère de la Santé en 1997). Il s'agit à présent, selon une étude de mai 2024 de la Banque des territoires, de 78% des communes

LES PÉNURIES AUGMENTENT

accueillant 56% de la population[11], voire de 87% des territoires selon notre ministre de la Santé. Même à Paris, il est difficile de trouver un médecin référent disponible. Les délais de consultation de spécialités continuent de s'allonger. Des mesures ont été prises, notamment pour revenir sur un numerus clausus qui a été trop restrictif. Mais elles vont mettre du temps à produire leurs effets.

La saturation des hôpitaux est de même nature. Les plans hôpitaux se suivent, sans régler vraiment les problèmes. Les revalorisations importantes des rémunérations n'ont pas suffi à attirer suffisamment d'infirmières, de nombreux postes sont vacants.

Pour ce qui concerne l'éducation, l'insuffisance du nombre des remplaçants est un phénomène chronique, malgré la baisse tendancielle du nombre d'élèves. Malgré l'assouplissement des critères de recrutement, c'est l'insuffisance du nombre des candidats aux concours de recrutement qui ne permet pas de pourvoir tous les postes ouverts.

---

[11] Banque des territoires. *Étude de la Banque des Territoires sur les déserts médicaux : découvrez les 170 initiatives !* 30 mai 2024. apvf.asso.fr

EN ROUTE VERS LES PÉNURIES ?
IL Y A UNE ALTERNATIVE...

Les ressources en travailleurs manquent dans un nombre croissant de secteurs et de spécialités, 60% des métiers sont en tension[12]. Les restaurateurs réduisent leurs plages d'ouverture. Faute de personnel en quantité suffisante, les services à la personne et les entreprises de proximité manquent de plus de 300 000 personnes à embaucher.

Dans un autre domaine, le réchauffement climatique apporte son lot de pénuries. Les hivers doux, suivis de vagues de chaleur précoces puis de gelées tardives affectent les cultures, notamment fruitières. Nous manquons de plus en plus d'eau en été, ce qui compromet parfois gravement certaines productions. Nous manquons également de neige en hiver, ce qui réduit la reconstitution des glaciers dont la fonte alimente certains fleuves l'été, le rechargement des nappes phréatiques, et aussi la fréquentation des stations de sport d'hiver : celles qui sont situées en basse altitude commencent à fermer.

---

[12] Dares. *Les tensions sur le marché du travail en 2023.* 24 avril 2025. dares.travail-emploi.gouv.fr

LES PÉNURIES AUGMENTENT

Dans le domaine économique, nous manquons également d'investissement, malgré un taux d'épargne élevé, et les efforts déployés pour faire venir en France les entreprises étrangères.

Nous manquons d'industrie. Avec, à présent, les besoins accrus de la défense, qu'il s'agisse de main-d'œuvre et d'intrants, les manques préexistants se trouvent accentués.

Les ressources financières viennent également à manquer. On évoquera brièvement à ce stade la situation financière de l'État, sur laquelle on reviendra plus loin, avec ses répercussions sur les collectivités locales, et en aval sur les acteurs économiques. Comme toujours en pareille circonstance, les budgets d'investissement et d'entretien sont les premiers affectés. C'est ce que nous constatons depuis un certain temps déjà, il suffit de visiter nos bâtiments publics pour s'en convaincre, par exemple les commissariats de police ou les établissements d'enseignement. La crise budgétaire ouverte en 2024 par les dérapages successifs et imprévus du budget de l'État, en 2023, provoque une crise politique, que la dissolution n'a

EN ROUTE VERS LES PÉNURIES ?
IL Y A UNE ALTERNATIVE...

pas réglée et qui exacerbe la crise budgétaire, faute de pouvoir construire une majorité pour approuver un plan de redressement.

Cette pénurie financière n'affecte pas que les collectivités publiques. Notre système de protection sociale est également atteint. Certes, ce n'est pas neuf non plus, déjà en 1996, il avait fallu créer la CADES pour reprendre et amortir la dette sociale. Mais le durcissement des conditions d'indemnisation du chômage, et plus encore les conditions de plus en plus difficiles des exercices de rééquilibrage de nos régimes de retraite en répartition, marquent une nouvelle étape, à tel point que des voix commencent à s'élever pour dire que notre système de protection sociale n'est plus soutenable en l'état.

Société d'abondance et État-providence seraient-ils en train de fondre aussi lentement mais sûrement que nos glaciers ?

CHAPITRE II

Les pénuries vont s'accroître

Plusieurs causes durables poussent à l'aggravation de ces pénuries que nous percevons de plus en plus distinctement et largement. Certes, il y a aussi des raisons d'espérer, notamment grâce aux perspectives qu'offre l'intelligence artificielle : nous y consacrerons un chapitre. Mais si l'on peut espérer de l'IA ou d'autres innovations qu'elles permettent de mettre fin à certaines pénuries, elles n'apporteront pas de remède à notre déclassement progressif. Sans chercher à être exhaustif, nous retiendrons quatre facteurs d'aggravation des pénuries actuellement à l'oeuvre.

La transition énergétique réduit notre consommation et notre productivité

La prise de conscience du réchauffement climatique et de ses conséquences à venir, ainsi que l'engagement de la transition énergétique, sont anciens. Le GIEC a été créé en 1988 et la COP de Kyoto date de 1997. L'analyse selon laquelle notre formidable développement au XXe siècle a été

EN ROUTE VERS LES PÉNURIES ?
IL Y A UNE ALTERNATIVE...

permis notamment, voire essentiellement grâce à la consommation d'une grande quantité d'énergies fossiles, abondantes et peu chères à mettre en œuvre, est largement admise. Le lecteur pourra notamment se référer aux travaux de Jean-Marc Jancovici, fondateur de « The Shift Project » et de « Carbone 4 ».

Les énergies de substitution sont plus chères à mettre en œuvre, ce qui explique le très large recours fait historiquement prioritairement au charbon et au pétrole, puis au gaz, qui sont des énergies moins chères. Lorsque vient la substitution, un double effet négatif se produit sur notre économie : au niveau global, il faut davantage d'investissements pour la capturer, la transformer et l'utiliser, ce qui impose des redéploiements d'autres activités productives. Au niveau individuel, l'usage de ces ressources plus chères pèse sur nos budgets, directement par nos factures d'énergie, et indirectement par l'augmentation du prix des biens fabriqués avec cette énergie plus chère.

Ainsi, à travail collectif constant, tant la production que la consommation se déforment, par un double effet d'éviction, qui entraîne arbitrages et renoncements contraints à une partie de ce qui constituait notre niveau de vie. Globalement, nous travaillons autant, mais produisons et consommons moins, la productivité physique de notre travail se dégrade.

Ce phénomène est particulièrement important pendant toute la phase pendant laquelle nous devons investir massivement pour créer nos capacités de production d'énergie décarbonée. Par exemple, pendant les 12 années de construction d'un EPR, une partie de nos ressources productives sont affectées à sa production, sans qu'il ne produise rien lui-même.

À ces effets directs s'ajoutent des effets de reports de pénuries sur les intrants nécessaires à la décarbonation de notre économie, notamment en matière de minerais, et de métaux relativement rares sur notre planète. C'est pour nous, Français, un enjeu particulier, car nous sommes peu dotés dans ces ressources. Ceux qui en disposent et savent les transformer ont un avantage qui se traduit dans les prix. Nous, les pays non pourvus, subissons, ce

EN ROUTE VERS LES PÉNURIES ?
IL Y A UNE ALTERNATIVE...

qui induit un transfert à notre détriment, à l'image du transfert existant actuellement au bénéfice des pays producteurs de pétrole.

À ces effets globaux s'ajoutent des effets plus sectoriels, par exemple, dans l'agriculture et la forêt. Les rendements agricoles sont affectés par les périodes de sécheresse, ce qui provoque des hausses de prix, et dans la durée abandon de certaines cultures. L'irrigation permet de compenser, du moins dans certaines régions, mais elle a un coût. De même, les années très sèches, les arbres ralentissent leur végétation, voire dépérissent. Si, dans un premier temps, l'exploitation de ces bois alimente le marché, le moindre renouvellement de la production de bois et du stockage de CO_2 qui y est associé généreront surcoûts et pénuries.

La démondialisation réduit notre niveau de vie

Le formidable développement du commerce international et la spécialisation internationale de la production nous ont permis de disposer en abondance de biens et de services peu chers. Notre niveau de vie en a été massivement amélioré. Ce phénomène est ancien, il a notamment d'abord affecté notre industrie textile. Il s'est accompagné de la délocalisation de pans entiers de notre activité économique, que nous avons pour partie redéployée vers des secteurs à plus forte valeur ajoutée, comme l'industrie aéronautique.

Mais d'autres secteurs d'activité se sont développés directement dans d'autres pays, comme la Tech, où nous sommes en pratique dépendants d'eux. Tant que les échanges ne sont pas menacés, ce ne serait pas un inconvénient, pour autant que, dans la spécialisation internationale du travail qui en résulte, nous soyons bien positionnés. Il importe en effet d'être positionnés sur les secteurs à forte productivité, et à fort potentiel de croissance, faute de quoi nous décrochons par rapport à ceux qui sont en meilleure position que nous. À cet égard, la France, et plus largement les pays européens, ont pris du retard par rapport aux États-Unis, qu'il s'agisse par exemple des activités des GAFAM ou des entreprises d'Elon Musk, ou de l'industrie automobile électrique ou des panneaux photovoltaïques pour la Chine.

EN ROUTE VERS LES PÉNURIES ?
IL Y A UNE ALTERNATIVE...

Plus grave est la situation qui résulte de la démondialisation. Le Covid avait donné l'occasion de prendre conscience de notre dépendance, notamment dans le domaine des médicaments. Le débat sur la souveraineté s'était engagé.

L'évolution récente, avec la guerre en Ukraine, puis les décisions du nouveau président des États-Unis en matière commerciale ou de retrait de la protection militaire de l'Europe, a accru cette perception et augmenté les enjeux. Il ne s'agit certes pas de devenir autosuffisants, nous manquons de ressources essentielles, mais de privilégier le plus possible des partenaires sûrs dans la durée. L'effort d'investissement nécessaire et la perte des bienfaits économiques d'une certaine division internationale du travail pèsent et pèseront sur notre consommation et notre niveau de vie.

Les évolutions géopolitiques et l'effort de défense induit accapareront une partie de nos capacités productives

La guerre en Ukraine, l'attitude conquérante de grandes puissances comme la Chine ou la

LES PÉNURIES VONT S'ACCROÎTRE

Turquie, et le réarmement de la planète nous ont conduits depuis plusieurs années déjà à augmenter notre effort de défense. Le retrait du parapluie américain, annoncé par le président Trump lors de son premier mandat, et qui se met en œuvre à présent, a conduit en début d'année à annoncer une augmentation considérable de nos dépenses de défense. L'enjeu n'est pas que financier. La production correspondante va mobiliser une partie de nos ressources productives et de notre main-d'œuvre qui, à travail constant, ne seront plus disponibles pour d'autres activités.

Ces effets d'éviction, comme on les constate à grande échelle en Ukraine et en Russie par exemple, vont limiter la disponibilité de biens et services dont nous manquons déjà, au bénéfice de biens et services de défense indispensables à notre sécurité et à notre souveraineté, mais dont nous espérons bien ne pas avoir à nous servir. Comment percevrons-nous cette transformation de la structure de notre PIB en termes de niveau de vie ?

Des évolutions plus culturelles et sociologiques affectent également notre productivité

EN ROUTE VERS LES PÉNURIES ?
IL Y A UNE ALTERNATIVE...

Quatrième facteur d'aggravation des pénuries ou plutôt famille de facteurs, nos comportements et nos décisions. Retenons trois exemples.

Notre aversion au risque est connue et identifiée. Elle nous a conduits à mettre le principe de précaution dans notre Constitution. Cette attitude a des conséquences pratiques.

Par exemple, en matière de transition énergétique et de relance de la production d'énergie nucléaire, nous privilégions les EPR, alors que nos concurrents recourent à des technologies moins coûteuses. Un EPR de 1,6 GW coûte en théorie une dizaine de milliards d'euros par unité à construire et nécessite un délai de 12 années (20,4 milliards d'euros et 17 années pour l'EPR de Flamanville), à comparer à 2,5 milliards d'euros par réacteur chinois d'environ 1,1 GW et moins de 5 années de construction. Notre énergie décarbonée arrive plus tardivement, émet davantage de CO_2 en phase d'investissement, est plus chère et mobilise davantage de ressources au détriment d'autres activités.

LES PÉNURIES VONT S'ACCROÎTRE

Pays anciennement centralisé, au pouvoir central fort, aux moyens de contrôle efficaces, notre goût pour la réglementation est également bien établi. Il a plusieurs conséquences défavorables sur notre niveau de vie. Ce phénomène est bien connu, même si des améliorations ont été apportées et les projets de débureaucratisation et de simplifications administratives sont porteurs d'espoirs. Notre tendance à surtransposer les réglementations européennes, déjà bien plus lourdes que celles qui s'appliquent à nos compétiteurs hors Union européenne, aggrave notre handicap. Mais il y a pire encore : les moyens importants que nous affectons à la production de ces réglementations et à leur respect, dans l'administration et dans les entreprises, voire dans notre vie courante, ne sont plus disponibles pour la production. Et malgré les annonces en matière de simplifications évoquées plus haut, la réalité demeure bien souvent celle d'un alourdissement.

Mentionnons enfin pour mémoire notre attitude face au travail, souvent plus réservée que chez nos voisins et compétiteurs, qui se caractérise de plusieurs façons : nous sommes le pays qui travaille

EN ROUTE VERS LES PÉNURIES ?
IL Y A UNE ALTERNATIVE...

le moins et qui prélève le plus ; notre dédain pour de nombreux métiers, peu productifs ou peu considérés, a gravement affecté notre capacité de production industrielle et tient hors du marché du travail une partie de notre population ; les sujets de pénibilité et d'usure au travail, s'ils sont bien réels dans certains secteurs, sont hypertrophiés par rapport à ce qui se passe dans les pays comparables, et les solutions sont bien davantage recherchées dans la cessation d'activité que dans l'amélioration des conditions de travail.

Plus récemment, une forme de désengagement semble émerger, avec une augmentation de l'absentéisme dans certains secteurs, les abus du télétravail, la revendication de la semaine de quatre jours ou les attitudes en matière d'exigences à l'embauche des jeunes générations.

Pour toutes ces raisons, à travail constant, notre production continuera d'être affectée et les pénuries de s'accroître, souvent davantage que chez nos compétiteurs. L'évolution de notre population d'âge actif permettra-t-elle de compenser ?

CHAPITRE III

La pénurie de travailleurs va aussi augmenter

Nous avons connu une longue période de main-d'œuvre très abondante

Depuis bientôt 80 ans, nous avons vécu dans un environnement de main-d'œuvre abondante, voire très abondante. La montée en puissance du travail des femmes, amorcée au lendemain de la Première Guerre mondiale, est un contributeur essentiel. La baisse de la mortalité à tout âge a aussi été un contributeur significatif. L'espérance de vie a augmenté particulièrement rapidement de 1935 à 1965. L'exode rural et l'immigration de travail ont également apporté une contribution importante aux Trente Glorieuses, tout particulièrement dans l'industrie. L'utilisation en quantité des énergies fossiles, abondantes et peu chères, a grandement augmenté la productivité à cette époque, dans une société encore significativement industrielle.

Puis, sont arrivées à l'âge de l'activité à partir du milieu des années 60, les générations nombreuses du baby-boom. C'est un véritable éléphant

EN ROUTE VERS LES PÉNURIES ?
IL Y A UNE ALTERNATIVE...

démographique qui bouscule la structure de notre démographie : les naissances passent de 600 000 en moyenne sur la décennie 1936-1945 à 840 000 (+40%) pendant les 29 années suivantes, de 1946 à 1974. Ces générations nombreuses, après être passées dans le système éducatif, ont alimenté le marché du travail jusqu'à la deuxième moitié des années 90. Cet éléphant démographique que constituent ces 29 générations a marqué notre économie et façonné nos mentalités, avec la montée du chômage et les mesures prises pour la limiter et la rendre plus supportable.

Notre organisation sociale actuelle est le fruit de cette abondance de main-d'œuvre

Le chômage, qui était quasi inexistant dans les deux décennies qui ont suivi la Deuxième Guerre mondiale (moins de 200 000 chômeurs jusqu'en 1962, taux inférieur à 2%), décolle au milieu des années 60, à la suite notamment de l'indépendance de l'Algérie et de l'arrivée des rapatriés, de la guerre des 6 jours et du premier choc pétrolier (500 000 chômeurs en 1967, création de l'Agence nationale

LA PÉNURIE DE TRAVAILLEURS VA AUSSI AUGMENTER

pour l'emploi en 1968), sans dépasser le taux de 4% avant 1973.

Il connaît une franche accélération à la suite de la crise pétrolière de 1973 et dépasse le taux de 8% au milieu des années 80. Il connaît un premier apogée entre 1993 et 1999, au-dessus de 10%. Sa décrue est ensuite irrégulière, avec un rebond marqué au-dessus de 10% à la suite de la crise des subprimes (2009-2013), et une décrue régulière[13] depuis une dizaine d'années, qui s'interrompt en 2023.

Nous avons fait le choix dans notre pays de privilégier le partage du travail pour lutter contre le chômage, avec notamment la retraite à 60 ans et la cinquième semaine de congés payés instituées en 1982, puis la semaine de 35 heures payées 39 votée en 1998. Dans les années 1990, des plans de départ en préretraite à partir de 52 ans ont été mis en place, comme celui que j'ai concouru à mettre en œuvre au Crédit foncier de France à partir de 1997, qui comportait une préretraite à hauteur de 90% de la rémunération d'activité. Collectivement, la préoccupation était celle de l'emploi et du chômage,

---

[13] Insee. *L'essentiel sur... le chômage*. 16 mai 2025. insee.fr

EN ROUTE VERS LES PÉNURIES ?
IL Y A UNE ALTERNATIVE...

pas du pouvoir d'achat, ni de la consommation ou du niveau de vie : le ressenti d'ensemble était encore celui de la société de consommation et d'abondance, et même si certains secteurs ont connu des situations particulièrement difficiles, c'est sous l'angle du chômage qu'elles étaient approchées. Nous ne manquions collectivement de rien.

L'abondance de la population d'âge actif a également permis de développer un filet de protection sociale plus important que dans beaucoup d'autres pays, qu'il s'agisse de notre système de santé, de l'indemnisation du chômage, des minima sociaux, de la gratuité de l'éducation scolaire et universitaire alors que le nombre d'élèves et plus encore d'étudiants augmentait rapidement, des conditions d'accueil des réfugiés et des migrants, etc.

C'est dans les textes, c'est surtout dans les têtes

L'organisation institutionnelle et sociale mise en place dans ce contexte est à présent gravée dans nos lois et notre réglementation. Mais elle a surtout façonné notre vision du monde : nous avons baptisé progrès social et victoires politiques cette période

LA PÉNURIE DE TRAVAILLEURS VA AUSSI AUGMENTER

d'amélioration de notre niveau de vie individuel et collectif sans égale dans le passé, y voyant le sens de l'Histoire, sans distinguer ce qui relevait des différentes composantes : le progrès social avec notamment une durée d'activité qui s'est réduite, une redistribution croissante, une large gratuité des soins et de l'éducation ; mais aussi une croissance exceptionnelle du progrès technique et l'utilisation massive d'énergies fossiles peu coûteuses à mettre en œuvre ; et aussi, peut-être surtout, une population en âge de travailler particulièrement abondante, plus que dans les autres pays. C'est sur ce dernier point, l'aspect démographique, que portera la suite de ce chapitre.

Le mouvement démographique s'est infléchi puis retourné

La dernière génération du baby-boom a eu 20 ans en 1994. Les générations qui sont arrivées ensuite en âge de travailler étaient moins nombreuses : 760 000 en moyenne pendant les 35 années suivantes. Elles restaient néanmoins plus nombreuses que les générations atteignant l'âge de la retraite. La croissance de la population d'âge actif s'est alors poursuivie, mais moins rapidement.

En 2007, la première génération du baby-boom, née en 1946, a atteint 60 ans, l'âge de la retraite à l'époque. L'éléphant démographique commence à passer de l'activité à la retraite. C'est un retournement, progressif mais majeur : la population d'âge actif se met à décliner, même après prise en compte d'un flux migratoire positif. Elle diminue d'environ 50 000 personnes par an depuis lors. Dans le même temps, la population ayant atteint l'âge de la retraite se met à accélérer fortement. Elle était déjà affectée par l'allongement de la durée de la vie, mais en sens inverse, n'arrivaient à la retraite que les générations peu nombreuses nées pendant les 10 années qui ont précédé le baby-boom. Le nombre de personnes atteignant l'âge de la retraite se met ainsi à augmenter rapidement et inexorablement, de 250 000 personnes par an. Ces personnes disposent d'un revenu équivalent à celui des actifs, et leurs besoins sont particulièrement importants en matière de santé, de services à la personne, mais aussi dans bien d'autres domaines

LA PÉNURIE DE TRAVAILLEURS VA AUSSI AUGMENTER

comme le logement, avec un nombre plus faible d'habitants par habitation.

Le secteur de la santé est un des premiers affectés, en atteste la succession des plans « hôpital » pour essayer de faire face. Petit à petit, la situation de l'emploi se tend dans un nombre croissant de secteurs et de métiers. Le chômage amorce son mouvement de baisse en 2014. Sous le double effet d'un marché du travail progressivement plus favorable aux travailleurs, et d'une évolution des comportements, accélérée par la crise du Covid-19, les situations de pénurie de main-d'œuvre s'étendent.

Le retournement démographique va se poursuivre et s'amplifier

À présent, environ la moitié de l'éléphant démographique est passée de l'âge actif à celui de la retraite, progressivement porté à 62 ans (réforme de 2010), puis à 64 ans (réforme de 2023).

La génération née en 1974, la dernière du baby-boom, aura 65 ans en 2039. Ainsi, pendant les 15

EN ROUTE VERS LES PÉNURIES ?
IL Y A UNE ALTERNATIVE...

prochaines années, les transformations que nous avons constatées depuis une quinzaine d'années vont se poursuivre, et les pénuries de travailleurs augmenter. D'ici 2039, la population d'âge actif va diminuer de 0,8 million de personnes et celle des 65 ans et plus augmenter de 3,5 millions de personnes.

Facteur aggravant, l'éléphant démographique approche du grand âge, période de la vie où les besoins d'accompagnement et de soins augmentent sensiblement. Les générations nées à partir de 1946 auront 80 ans à partir de 2026, et 85 ans à partir de 2031. Souvenons-nous qu'elles sont 40% plus nombreuses que celles qui les précèdent.

La situation va-t-elle s'améliorer ensuite ? Le grand âge ne dure pas très longtemps et la dégradation de la situation démographique se ralentira à partir de 2035. Mais la baisse de la fécondité que nous observons depuis 2014 ne va pas dans le sens d'une amélioration de la population d'âge actif. Les générations qui atteindront l'âge actif dans 20 ans sont déjà nées, elles sont moins nombreuses que celles de l'après baby-boom.

LA PÉNURIE DE TRAVAILLEURS VA AUSSI AUGMENTER

Et à plus long terme ? Cela sort de l'horizon du présent essai. Indiquons simplement que si la fécondité continue de baisser, pour atteindre par exemple, le niveau de l'Italie de 1,2 enfant par femme, 100 femmes ont 52 filles, 32 petites-filles et 19 arrière-petites-filles. Il n'y a aucune perspective de redressement de la situation démographique aussi loin que porte le regard. Une hypothétique inflexion à la hausse ne produirait d'effets positifs sur la production économique que 20 ans plus tard, laissant largement le temps de la prendre en compte.

Baisse du chômage et immigration ne suffiront pas à compenser l'insuffisance de la population d'âge actif

À plus court terme, l'évolution démographique à venir est-elle une bonne nouvelle pour la baisse du chômage ? Oui, bien sûr, mais la baisse du chômage ne suffira pas à produire assez pour faire face à nos besoins. Le taux de chômage est passé de 10% à 7% en 2024. Cette baisse a été prioritairement marquée par le retour à emploi de ceux qui en étaient le moins éloignés. 3 points de chômage (selon la

EN ROUTE VERS LES PÉNURIES ?
IL Y A UNE ALTERNATIVE...

mesure internationale du BIT) représentent près de 1 million de travailleurs. Gagner 3 autres points apporterait 1 million de personnes en activité en plus, ce qui est très loin de permettre de produire ce qui est nécessaire pour 250 000 personnes additionnelles par an de 65 ans et plus (et comme indiqué plus haut 3,5 millions sur les 15 prochaines années).

De plus, l'évolution n'est pas homogène sur l'ensemble du territoire : coexistent des départements ou des bassins d'emploi où le chômage, voisin de 4%, est déjà au niveau du plein emploi ou qui constituent des déserts en matière de population et d'emploi comme la Lozère où le taux de chômage est voisin de - ou supérieur à - 10%, avec un niveau élevé de bénéficiaires du RSA[14]. Rapprocher l'offre potentielle de la demande, en termes de compétences, d'attitude, d'envie, de réaccoutumance au rythme et aux contraintes d'un travail régulier, nécessite un accompagnement important, tant auprès du travailleur que de son employeur. Le succès du retour au travail de

---

[14] DREES. *L'aide et l'action sociales en France. Fiche 33 : Les bénéficiaires du revenu de solidarité active (RSA).* Édition 2022. drees.solidarites-sante.gouv.fr

LA PÉNURIE DE TRAVAILLEURS VA AUSSI AUGMENTER

personnes durablement éloignées, et plus encore de deuxième génération, n'est pas de 100%.

L'enjeu géographique, sans sa dimension de logement, est également difficile à traiter. La personne éloignée du travail, qui doit déménager pour trouver un emploi, n'apporte pas la sécurité des revenus attendue dans le secteur locatif privé. L'investissement privé y est découragé par la fiscalité nationale et locale, sans compter des contraintes réglementaires toutes justifiées, mais qui augmentent les coûts et diminuent la rentabilité. Le secteur locatif social de la région d'accueil est généralement saturé et les délais d'attente sont longs, pour autant que les critères d'attribution d'un logement social soient remplis. Cet aspect du sujet du retour à l'emploi est difficile à prendre en compte par France Travail. La résorption du chômage dans les zones sinistrées prendra beaucoup de temps et d'efforts. Y aura-t-il même une génération sacrifiée ?

Peut-on davantage compter sur l'immigration ? Sans aborder ici les aspects politiques, de logement et d'intégration, observons que l'immigration

EN ROUTE VERS LES PÉNURIES ?
IL Y A UNE ALTERNATIVE...

de travail n'est actuellement que de 50 000 personnes par an selon les chiffres officiels, peut-être du double avec l'immigration clandestine, bien loin des centaines de milliers de travailleurs additionnels qui seraient nécessaires chaque année pour stabiliser le ratio du nombre de cotisants par retraité. De plus, si les compétences ne posent pas de problème pour pourvoir les emplois peu qualifiés et souvent délaissés par la population locale, elles sont très éloignées des profils recherchés lorsque le manque de main-d'œuvre se généralise.

Plus encore, recourir à un travailleur migrant ne se substitue pas à une personne résidente qui se met à travailler, qu'il s'agisse d'un étudiant, d'une personne sortant du chômage ou d'un actif reportant sa cessation d'activité. Pour autant que le travailleur migrant ait la même qualification et la même productivité, il va apporter la même contribution au PIB, mais pas au PIB par tête : son arrivée et celle de sa famille font augmenter le nombre de têtes entre lesquelles le PIB se partage. Le lecteur intéressé par ce sujet pourra se reporter

LA PÉNURIE DE TRAVAILLEURS VA AUSSI AUGMENTER

au dossier plus complet publié dans le magazine du CRAPS[15].

Ni la baisse du chômage ni l'immigration de travail ne permettront de compenser la transformation de la structure démographique de notre population. Autrefois en forme de pyramide, avec une base large, elle a progressivement pris une forme plus cylindrique, puis en forme de kebab avec une décroissance lente de la taille des générations, qui peut aller vers une forme en toupie quand cette décroissance s'accélère, comme nous le constatons dans d'autres pays. Le terme générique de pyramide démographique n'est plus du tout approprié, il est même devenu de nature à nous empêcher une représentation pertinente de la réalité.

Conséquence inévitable de cette évolution démographique, dès à présent, en fait et comme on l'a vu précédemment depuis 2021, le sujet du chômage a cédé le pas à celui du pouvoir d'achat dans les enquêtes d'opinion portant sur nos préoccupations principales. Les pénuries de

---

[15] CRAPS. Didier Bazzocchi et Régis de Laroullière. *Immigration : trois éclairages sur les enjeux économiques et démographiques.* thinktankcraps.fr

EN ROUTE VERS LES PÉNURIES ?
IL Y A UNE ALTERNATIVE...

main-d'œuvre sont là et vont inexorablement et durablement augmenter. La soutenabilité de notre modèle de protection sociale fondé sur la redistribution est affectée. L'insuffisance de notre pouvoir d'achat est solidement installée, et d'autant plus que nous décrochons par rapport à nos voisins.

CHAPITRE IV

L'effet comparatif aggrave notre ressenti de cette évolution

Sommes-nous plus ou moins heureux que les générations qui nous ont précédés ?

Je voudrais dans ce chapitre partager avec le lecteur une conviction.

Je me suis depuis longtemps demandé si nous étions plus heureux aujourd'hui que les générations qui nous ont précédés. Plus développés, plus riches au sens de ce que mesure le PIB, certainement. Mais plus heureux ? Mes parents ont vécu la dernière Guerre mondiale. Période à l'évidence très difficile et traumatisante. Mais cela n'a été qu'une période de leur vie. Ma génération n'a pas connu les mêmes difficultés. Mais elle a trouvé d'autres raisons d'être inquiète. Nous sommes certainement plus prospères, mais sans doute pas plus sereins. Je ne pense pas que nous soyons plus heureux, ni moins heureux.

EN ROUTE VERS LES PÉNURIES ?
IL Y A UNE ALTERNATIVE...

Plus largement, au travers de la littérature, nous observons des périodes de plus ou moins grande prospérité, de plus ou moins grande sérénité, mais pas d'évolution tendancielle d'amélioration de notre bonheur avec la croissance économique. La conviction que je me suis forgée est que l'espèce humaine en général et chaque personne humaine en particulier ont en elles-mêmes une capacité à être heureuse et à être malheureuse, et que cette capacité est un élément fondamental de la nature humaine. Ces capacités se déploient dans les circonstances du moment.

Elles ne sont pas constantes ni identiques pour autant, et semblent varier pour chaque individu en fonction de deux critères principaux au moins : dans le temps, il y a pour chacun des périodes plus ou moins heureuses, qu'elles soient liées à des circonstances personnelles ou des évolutions collectives, en particulier les périodes de conflits et d'épidémies. Et dans le positionnement relatif des uns par rapport aux autres ; dans cette approche comparative, il y a ceux qui sont en dessous, et ceux qui sont au-dessus. Et si l'argent ne fait pas le bonheur, il y contribue.

L'EFFET COMPARATIF AGGRAVE NOTRE RESSENTI DE CETTE ÉVOLUTION

Les effets comparatif et dynamique influent sur le niveau de bonheur

Si l'effet générationnel n'est pas déterminant sur le niveau moyen de bonheur, l'effet comparatif l'est à chaque instant. Ce point a été étudié, dans l'autre sens, et conceptualisé, sous la forme du paradoxe d'Easterlin : le niveau de bonheur est bien corrélé positivement au niveau de richesse relative, mais il n'augmente pas quand la richesse d'ensemble s'élève.

On peut ajouter à cette analyse une autre dimension, dynamique : le bonheur est croissant lorsque l'on progresse dans l'échelle sociale, ce qui fait toute l'importance de la mobilité sociale ascendante. Et symétriquement, l'inquiétude croît avec le risque de régresser, c'est toute l'angoisse du déclassement. C'est dire toute l'importance de l'ascenseur social.

Un ascenseur social, ça monte et ça descend

Nous aimerions que l'ascenseur social ne fasse que monter. Mais il y a une difficulté : l'ascenseur social monte, mais aussi il descend. S'agissant

EN ROUTE VERS LES PÉNURIES ?
IL Y A UNE ALTERNATIVE...

d'une analyse comparative, quand une personne monte d'une place, celle qu'elle dépasse régresse d'une place. Ceci a des conséquences, difficiles à appréhender dans les études quantitatives.

Il est d'usage, pour mesurer la mobilité sociale, d'utiliser notamment comme indicateur principal le revenu[16, 17], et de découper la population en 10 tranches en fonction du niveau de revenu, la dixième pour les 10% de la population qui ont les revenus les plus faibles. Prenons le cas d'une personne passant de la tranche du bas à celle du haut, aucune autre personne ne changeant de place. Il faudra une personne de plus dans la tranche du bas pour remplacer celle qui en est sortie, ce sera celle qui se trouvait à la frontière entre la 10e et la 9e tranche. Et ainsi de suite, jusqu'à la première tranche dont va sortir une personne pour passer dans la seconde. Dans ce scénario, pour une personne qui monte (beaucoup), 9 descendent (un peu). Si la personne qui monte passe de la dernière

---

[16] Insee. *La mobilité des individus le long de l'échelle des revenus en France sur la période 2003-2020.* 13 septembre 2023. insee.fr

[17] OCDE. *Mobilité sociale et égalité des chances.* oecd.org

L'EFFET COMPARATIF AGGRAVE NOTRE RESSENTI DE CETTE ÉVOLUTION

place à la première, toutes les autres personnes régressent d'une place. Oui, toutes.

Prenons le cas inverse d'une personne qui descend de la première tranche à la dernière, alors 9 personnes monteront d'une tranche. Dans lequel de ces deux scénarios, la mobilité sociale est-elle la plus importante, voire préférable : quand 9 montent pour une qui descend ou quand 9 descendent pour une qui monte ?

Au-delà de cette difficulté dans la quantification du phénomène, le point dur demeure que, à chaque fois qu'une personne monte d'un niveau, qu'il s'agisse d'une place ou d'un décile, une autre descend. Nous aimerions bien que davantage de personnes montent qu'il n'y en a qui descendent. Mais, s'agissant d'un classement relatif, ce n'est pas possible. Certes, il y a le cas où, grâce à la croissance, le revenu de chacun augmente, sans qu'aucun ne change de place. C'est évidemment préférable au mouvement inverse. Il n'en reste pas moins que, pour ce qui est de l'ascenseur social, on ne peut pas augmenter la mobilité ascendante sans augmenter la mobilité descendante.

EN ROUTE VERS LES PÉNURIES ?
IL Y A UNE ALTERNATIVE...

Ceci conduit à un paradoxe : plus le système de protection sociale protège du déclassement des uns, plus il empêche la progression des autres. Vue sous cet angle, la mobilité sociale, telle que mesurée par l'Insee, qu'il s'agisse de la population native ou migrante, semble, à rebours des commentaires usuels focalisés sur une équiprobabilité des mouvements pour chacun, significative. Des études comparatives sur la mobilité descendante viendraient en tout cas utilement compléter les études sur les insuffisances de la mobilité ascendante dans notre pays.

Nous régressons dans la hiérarchie internationale

Mais on ne peut pas se limiter à l'analyse franco-française qui précède. Nous vivons dans une société internationale ouverte. Une très large circulation de l'information et un rapprochement des styles de vie, la mondialisation des échanges et une circulation croissante des personnes, même ralentie par la crise Covid, poussent aux comparaisons internationales.

Comme on l'a vu au chapitre 1, notre déclassement en matière de production par tête et de richesse par tête est patent. Non seulement nous sommes

L'EFFET COMPARATIF AGGRAVE NOTRE RESSENTI DE CETTE ÉVOLUTION

passés de la 7ᵉ place (en 2000) à la 23ᵉ (en 2023) en matière de PIB par tête, mais nous avons franchement décalé par rapport à d'autres qui nous sont assez semblables, comme les Allemands.

Plus grave car cela engage l'avenir, nous régressons également dans les comparaisons internationales en matière d'éducation, comme nous le montre édition après édition le classement PISA[18].

Cette dimension comparative est essentielle : les régimes communistes ne se sont pas effondrés à partir de 1989 parce qu'ils étaient devenus inefficaces mais parce qu'ils étaient moins efficaces que leurs compétiteurs. Ils ont dû faire évoluer considérablement leur modèle économique pour inverser la tendance, à tel point que les modèles qui leur ont succédé, sans nécessairement renoncer au communisme, servent à nouveau de référence. Les citoyens des pays de l'Est européen n'ont pas fait de révolution violente pour renverser leurs régimes, ils ont plutôt voté avec leurs pieds, comme on l'a

---

[18] OCDE. *Programme international pour le suivi des acquis des élèves (PISA)*. oecd.org

constaté au moment de l'effondrement du rideau de fer.

Non seulement nous nous déclassons, mais notre déclassement international va malheureusement très probablement s'aggraver. La contrainte d'une dette croissante se fait plus fermement sentir depuis 2024 et la fin des effets anesthésiants de taux d'intérêt de plus en plus modestes, et même devenus temporairement négatifs, alors que nombre de nos voisins, comme l'Italie, l'Espagne ou le Portugal, ou plus encore la Grèce, ont leur effort de redressement derrière eux. Ils ont retrouvé le chemin de la croissance et sont sur une trajectoire d'amélioration de leurs finances publiques et de leur richesse par tête, alors que nous sommes dans une phase d'aggravation de la détérioration qui va nous contraindre à de douloureuses mesures de redressement.

Nous découvrons de plus que notre affaiblissement économique se répercute sur notre position géopolitique, avec un retrait marqué de notre influence tout particulièrement en Europe et en Afrique, et va freiner notre capacité à participer à

L'EFFET COMPARATIF AGGRAVE NOTRE RESSENTI DE CETTE ÉVOLUTION

la phase de réarmement qui s'engage pour assurer notre liberté et notre défense.

Les pénuries émergentes et en voie d'augmentation décrites dans les trois premiers chapitres sont ainsi d'autant plus durement ressenties qu'elles sont plus marquées chez nous que chez nos compétiteurs, et que notre situation relative est en voie de détérioration.

Pourrons-nous échapper aux pénuries et au déclassement, et comment ?

CHAPITRE V
Nos élus peuvent-ils nous protéger des pénuries ?

Face aux pénuries qui s'installent, à celles qui s'annoncent, et aux inquiétudes qui les accompagnent, nos élus peuvent-ils nous protéger ?

Il est clair que nos élus aspirent à répondre à nos attentes et à nous protéger

Nous sommes en démocratie. Le pouvoir appartient au peuple, c'est-à-dire à nous, et plus particulièrement à ceux d'entre nous qui l'exercent en élisant ceux qui nous représentent, nos élus. Chacun d'eux s'est engagé en politique parce qu'il porte un projet et qu'il est convaincu que, s'il est élu, les décisions qui seront prises seront meilleures que si c'est son compétiteur qui est élu (je laisserai de côté les sujets d'ego qui peuvent avoir leur importance, mais ne sont pas essentiels au présent propos).

Quelle est pour eux la règle de l'art ? Ils n'hésitent pas à la partager. À l'occasion d'un colloque à Bercy sur les partenariats public-privé, Jean-François

EN ROUTE VERS LES PÉNURIES ?
IL Y A UNE ALTERNATIVE...

Copé faisait le discours d'ouverture. Il venait de publier « Promis, j'arrête la langue de bois »[19]. Il avait choisi comme sujet la carrière politique des candidats issus du privé. Il faisait le constat que c'était rarement un succès, expliquant que, en politique, pour mettre en œuvre son programme, il fallait d'abord être élu, et que, si on était élu, il fallait le rester. C'était un savoir-faire incontournable en politique, assez peu partagé par les candidats issus du privé.

Le maire d'un petit village voisin du mien à la campagne me partageait plus récemment la même expérience et la même conviction : je ne peux pas faire tout ce que je veux et je ne peux rien faire du tout si je ne suis pas élu. Certaines mesures qui me semblent importantes ne seraient pas acceptées, je ne peux qu'y renoncer ou du moins les différer.

Pour recueillir nos voix, les candidats doivent être attentifs à nos attentes et réunir une base suffisante d'électeurs parmi nous, dont les attentes individuelles sont diverses. Au-delà de leur part

---

[19] Jean-François Copé. *Promis, j'arrête la langue de bois.* Hachette Littérature. 2006.

NOS ÉLUS PEUVENT-ILS NOUS PROTÉGER DES PÉNURIES ?

d'altruisme et de leur sens de l'intérêt général, ils ont nécessairement besoin et envie de nous plaire, de répondre à nos attentes, et de nous protéger puisque nous y aspirons. Les études auxquelles ils se réfèrent pour mieux identifier nos attentes sont très claires sur ce point, nous aspirons tout particulièrement à être protégés, qu'il s'agisse de sécurité ou de santé, et de façon croissante de pouvoir d'achat[20].

Mais nos élus peuvent-ils réellement nous protéger ?

Les candidats, une fois élus, peuvent-ils réellement nous protéger ? Sans doute y a-t-il là une grande illusion. Dans la réalité, ce ne sont pas nos élus qui nous protègent. Par exemple, ce sont les gendarmes, la police, les juges et les gardiens de prison qui nous protègent des délinquants. Ce sont les personnels médicaux, les pharmaciens et ceux qui travaillent dans l'industrie pharmaceutique qui protègent notre santé.

---

[20] Exemples de sondages : Politicae. *Sondage Ifop : les attentes des Français.* 10 décembre 2024. politicae.fr & IPSOS. *Ce qui préoccupe les Français.* 25 avril 2025. ipsos.com

EN ROUTE VERS LES PÉNURIES ?
IL Y A UNE ALTERNATIVE...

Plus encore, nos comportements individuels ont un rôle décisif dans notre protection. L'épidémie de Covid en a été une illustration particulièrement instructive : ce ne sont pas nos élus qui nous ont protégés : connaît-on un seul cas où un élu a empêché le virus porté par Pierre de contaminer Paul ? Ou un cas où l'hôpital a fait barrage en première ligne à la propagation du virus ? Non, c'est chacun de nous qui s'est protégé et a protégé les autres, par les gestes barrières, et à certains moments, en restant confiné.

Cela ne veut pas dire que l'hôpital n'a rien fait, bien au contraire : sa mobilisation pour prendre en charge et accompagner ceux d'entre nous qui étaient gravement atteints par le virus a fait l'admiration et la reconnaissance de tous. Nos élus n'ont pas rien fait non plus, ils se sont mobilisés, ont fait de leur mieux pour nous informer, d'autant plus qu'ils étaient à la pointe de l'information disponible, pour essayer de nous rassurer et surtout nous organiser.

C'est là le cœur de leur rôle et de leur pouvoir : nos élus, et tout particulièrement nos élus nationaux, ne

NOS ÉLUS PEUVENT-ILS NOUS PROTÉGER DES PÉNURIES ?

nous protègent pas eux-mêmes, nous leur déléguons le pouvoir de nous organiser. Ils définissent les règles en votant les lois et les budgets. Ils nomment et contrôlent le Gouvernement qui les prépare et les met en œuvre, et dirige l'administration. Mais en bout de chaîne, ce sont des hommes et des femmes comme nous, nos concitoyens, salariés du secteur public ou non au demeurant, qui mettons en œuvre.

Sans notre comportement individuel, de simple citoyen (par exemple comme voyageur remarquant et signalant un colis abandonné dans le cadre de Vigipirate, ou comme conducteur automobile respectant le Code de la route) ou de participant de l'action publique (comme les démineurs, ou les gendarmes pour rester dans la continuité des exemples qui précèdent), il n'y a pas de protection. Ce n'est pas davantage l'État qui nous défendra d'une agression externe, mais nos collègues militaires. Ce n'est pas non plus l'État qui enseigne, ce sont les professeurs.

Le rôle des salariés du secteur public est naturellement particulièrement important. Et dans

EN ROUTE VERS LES PÉNURIES ?
IL Y A UNE ALTERNATIVE...

notre pays, ce sont près du quart des salariés qui ont un employeur public. La proportion de ceux d'entre nous qui sommes professionnellement directement impliqués est ainsi particulièrement considérable. Mais chaque citoyen, par son activité propre, et par son comportement, apporte également sa contribution.

Dans le même esprit, l'État-providence ne serait-il pas un leurre ? Cette expression est apparue au milieu du XIXe siècle, au demeurant avec un sens critique dans la pensée libérale de l'époque. Elle prend un sens positif et s'étend au champ de la protection sociale à partir des années 1970, consacrant le formidable développement de la redistribution, dans les circonstances sans précédent dans l'histoire qui ont généré les Trente Glorieuses. Mais cette expression désigne une abstraction. Dans la réalité, c'est nous, des hommes et des femmes en chair et en os, qui produisons ce qui est redistribué, et décidons par la voix de nos représentants de la redistribution.

Sans nous qui travaillons, produisons, et consentons à la redistribution, cela ne fonctionne pas. Et si nos

NOS ÉLUS PEUVENT-ILS NOUS PROTÉGER DES PÉNURIES ?

représentants décident, comme ils l'ont annoncé pour se faire élire, de redistribuer plus que nous ne souhaiterions consentir, nous avons la possibilité de ne pas voter de nouveau pour eux à l'élection suivante, et plus encore de lever le pied et de moins produire, ou bien, dans un monde ouvert et exposé à la concurrence, d'aller produire en un lieu où nous aurons un meilleur retour sur notre contribution : ce ne sont pas eux qui font l'État-providence.

Nos élus nationaux ne peuvent ainsi guère faire plus que promettre pour se faire élire, voter des lois, plus particulièrement à chaque fois qu'un besoin de protection se manifeste, voter des crédits additionnels pour mieux nous protéger, quitte à nous endetter à cet effet, et nous organiser. Tendanciellement, à moins d'une volonté politique forte appuyée sur une base électorale suffisante, la réglementation ne peut guère que s'accumuler et se complexifier, et la dette augmenter.

Plus largement, comptons-nous trop sur nos élites ?

Certes, il est commode pour nous de croire que, parce que nos élus l'ont promis, ils vont pouvoir mettre

EN ROUTE VERS LES PÉNURIES ?
IL Y A UNE ALTERNATIVE...

en œuvre leurs promesses sans que nous ayons à y contribuer, d'autant plus que la contrepartie qui serait nécessaire à la tenue de la promesse n'est trop souvent pas explicitée. Si elle n'est pas explicitée, c'est généralement qu'elle est peu ou pas acceptable par nous. Et pour cette raison, la promesse ne peut être tenue. Il nous est alors tentant de critiquer les élus qui ne tiennent pas leurs promesses, et/ou de nous éloigner de la politique.

Il ne s'agit pas ici de critiquer les élus, mais d'éviter de nous méprendre sur le rôle des uns et des autres. Au-delà même des élus, ne sommes-nous pas en effet souvent tentés de penser que, si les choses ne vont pas aussi bien qu'elles le devraient, c'est de la faute de ceux qui savent ou qui ont le pouvoir, plus globalement ceux qui constituent les élites, et d'instruire le procès de leur faillite ?

Évoquons pour mémoire la situation des élites entrepreneuriales : leur responsabilité est de faire fonctionner avec efficience leur entreprise, et, vis-à-vis de l'État, de respecter les lois et de payer des impôts. C'est la réussite économique qui est leur réussite, et leur éventuelle faillite est

NOS ÉLUS PEUVENT-ILS NOUS PROTÉGER DES PÉNURIES ?

d'abord économique et financière. S'ils souhaitent et militent en faveur d'un cadre favorable au développement de leurs affaires, en démocratie, ils sont des citoyens comme les autres, ils n'ont pas de responsabilité particulière. Dans un État de droit, ont-ils même des obligations au titre de la Responsabilité sociétale des entreprises (RSE) au-delà de ce qui résulte des textes, alors que les directeurs de la conformité ont à présent remplacé les directeurs de la déontologie ? Ne nous méprenons pas sur leurs obligations...

Prenons plutôt le cas des intellectuels et des journalistes : ils ont un rôle essentiel pour nous informer. Ils ont leurs convictions. Ils cherchent également à être écoutés et lus, et doivent vivre de leur métier. Aussi vont-ils consacrer leur énergie aux sujets qui intéressent leur audience, ceux qui permettent d'être publiés et reconnus, c'est-à-dire ceux que nous et nos pairs lisons ou écoutons par priorité. Peu de choses vont les pousser à consacrer leur énergie et leur talent à ce que nous n'avons pas envie de savoir ou d'entendre.

EN ROUTE VERS LES PÉNURIES ?
IL Y A UNE ALTERNATIVE...

Sur des sujets essentiels, certains vont pourtant se mobiliser, souvent avec un vrai militantisme. Force est de constater que lorsque leurs analyses poussent à des décisions dont nous n'avons pas envie, ils sont couronnés de bien peu de succès, comme dans le cas de la dette ou du réchauffement climatique. On ne peut pourtant pas leur reprocher de ne pas nous avoir prévenus. Nous viendrons plus loin sur le sujet de la dette.

Évoquons brièvement ici le cas du réchauffement climatique. Le GIEC remonte à 1988, le protocole de Kyoto a été signé en 1997 et est entré en vigueur en 2005, et les accords de Paris datent de 2015. Les mesures mises en œuvre dépendent des différents pays, comme on peut le constater en Allemagne, dans notre pays ou aux États-Unis. Mais globalement, nous qui constituons les bases électorales, quoique disposant de l'information, sommes encore significativement réticents. Nous sommes très en retard sur ce qu'il faudrait faire et, malgré la réalité du réchauffement climatique, de nombreux pays diffèrent les mesures nécessaires.

NOS ÉLUS PEUVENT-ILS NOUS PROTÉGER DES PÉNURIES ?

Notre attitude consistant à essayer de rejeter sur les élites nos difficultés est souvent une défausse trop commode : c'est nous, le peuple souverain, qui ne voulons pas nous donner les moyens d'exercer en connaissance de cause nos responsabilités, alors que chacune des catégories qui composent ces élites ne faisait que se conformer aux règles de fait qui régissent ses activités.

À cet égard et par exemple, invoquer le courage des élus est généralement une illusion. Lorsqu'un élu courageux essaye de prendre une décision que nous, en tant que base électorale, rejetons, l'échec est assuré, comme l'illustrent les exemples des manifestations des Gilets jaunes ou plus récemment la censure du gouvernement Barnier lorsqu'il a essayé de limiter l'indexation des retraites sur l'inflation. La non-rééligibilité ne donne pas davantage d'autonomie par rapport à l'électorat pour prendre des mesures nécessaires mais impopulaires, comme nous l'expérimentons actuellement, à l'inverse de ce que nous espérions quand nous avons réduit à cinq ans la durée du mandat du président de la République avec un deuxième mandat non renouvelable.

EN ROUTE VERS LES PÉNURIES ?
IL Y A UNE ALTERNATIVE...

Cette défausse de responsabilité est au bout du compte d'autant plus contre-performante que c'est bien nous, le peuple, qui souffrons déjà et souffrirons davantage demain des conséquences des décisions que nous n'aurons pas prises, qu'il s'agisse notamment du réchauffement climatique ou de la dette à laquelle sont consacrés les prochains chapitres.

Aussi, comme indiqué au début de cet essai, il convient bien de s'adresser à vous, qui constituez le peuple souverain.

CHAPITRE VI

La dette peut-elle nous aider face aux pénuries ?

Venons-en au sujet de la dette, évoquée au chapitre précédent. Tous les ans, en votant le budget, nos représentants approuvent les dépenses de l'État, ainsi que ses recettes.

Depuis 50 ans, les recettes ne couvrent plus les dépenses, et le budget approuvé par nos représentants contient un déficit, financé par emprunt. Ce déficit financé par emprunt, chaque année depuis 1975, vient augmenter notre dette préexistante.

Nous entendons certains affirmer que soutenir l'activité en s'endettant est souhaitable, d'autres dire que ce n'est pas moralement satisfaisant, car cela a pour effet de transférer à nos enfants et petits-enfants la charge de nos dépenses. D'autres prétendent même que ce n'est pas indéfiniment durable, et que cela risque de conduire à la faillite, ou du moins à un ajustement sévère et contraint, à l'exemple de ce qui s'est passé en Grèce.

EN ROUTE VERS LES PÉNURIES ?
IL Y A UNE ALTERNATIVE...

S'il y a du vrai dans ces trois affirmations, leurs contextes de pertinence ne sont pas les mêmes. La première affirmation a été fondée dans notre pays.

Quels sont tout d'abord les effets concrets de l'endettement public ?

Il faut ici distinguer si l'endettement finance des investissements ou de la consommation.

S'il finance des investissements, il n'y a pas débat. C'est comme une entreprise artisanale qui achète une camionnette pour son activité, ou un particulier qui achète sa voiture à crédit. L'endettement donne du levier pour se développer plus rapidement (la camionnette), ou pour payer d'avance un bien que l'on utilisera dans la durée (la voiture), ce qui est généralement moins coûteux que de payer à l'usage, comme en ayant recours à la location ou au leasing.

Si l'endettement finance des dépenses récurrentes, comme des salaires, ou des transferts sociaux, ou plus largement de la consommation, son effet concret est de nature différente. Il permet de dépenser tout de suite, en supportant le poids de la dépense plus

LA DETTE PEUT-ELLE NOUS AIDER FACE AUX PÉNURIES ?

tard, à mesure des remboursements, au prix d'un intérêt sur la dette contractée. C'est le cas du crédit à la consommation pour un particulier.

Pour ce qui est de la dépense publique, cela permet de donner de façon bien concrète aux personnes qui bénéficient de la dépense additionnelle financée par cet endettement un pouvoir d'achat additionnel par rapport à ce qu'elles auraient eu si l'on avait distribué uniquement ce que permettent les ressources définitives, impôts et cotisations sociales.

Cela a un impact sur la répartition de la consommation : en faisant usage de cet argent additionnel, et en environnement de pénurie dans lequel l'augmentation de la production est limitée, notamment dans notre situation présente du fait du manque de main-d'œuvre dans tous les métiers en tension, ces personnes vont pouvoir augmenter leur consommation. Elles le font au détriment de celles qui n'en bénéficient pas, pour tout ce qui relève de secteurs en tension et non substituables par des importations.

EN ROUTE VERS LES PÉNURIES ?
IL Y A UNE ALTERNATIVE...

Prenons l'exemple du Ségur de la santé. Les professions médicales ont été revalorisées, une décision dont la légitimité a fait consensus. Mais leur consommation domestique additionnelle est entrée en concurrence avec celle des autres. Dans certains domaines de la consommation, la production a augmenté. Dans d'autres où il n'y avait pas de marge, leur consommation additionnelle a évincé une partie de celle des autres consommateurs, contribuant au sentiment d'insuffisance de niveau de vie. C'est par exemple le cas du logement, dont les volumes sont insuffisants et dont les prix augmentent. Il peut même arriver que cela contribue à la formation de bulles.

La conviction que je veux partager ici est que le financement de dépenses courantes par de la dette a un effet redistributif immédiat bien réel en matière de consommation, en faveur de ceux qui en bénéficient, qu'il s'agisse par exemple de retraités, de bénéficiaires de minima sociaux, de bénéficiaires de subventions ou d'agents publics. Le prélèvement est réparti sur la consommation de l'ensemble des autres consommateurs.

LA DETTE PEUT-ELLE NOUS AIDER FACE AUX PÉNURIES ?

C'est parce que nous estimons nécessaire cet effet d'amélioration de la situation des bénéficiaires, et que nous ne pouvons pas augmenter les prélèvements obligatoires à due concurrence, que nous avons recours au déficit et à l'emprunt. Cette redistribution a toutefois un aspect clandestin, dans la mesure où ceux qui en subissent la contrepartie en étant privés d'une partie de leur consommation n'en sont pas informés, et ne le perçoivent pas directement, par différence avec ce qui se serait passé s'ils avaient été prélevés.

Enfin, s'il faut un jour réduire le déficit en réduisant cette dépense, cela diminuera le niveau de vie des bénéficiaires, ce qui est très difficile à mettre en oeuvre. Mais ce problème ne se pose pas tant que la dette peut augmenter.

S'endetter pour financer des dépenses courantes peut être approprié, comme en 1975

L'endettement est ainsi très utile dans différents contextes. Par exemple, si nous devons bénéficier de ressources plus importantes demain, à l'image de l'étudiant qui emprunte pour se financer pendant

EN ROUTE VERS LES PÉNURIES ?
IL Y A UNE ALTERNATIVE...

qu'il étudie et qui remboursera lorsqu'il travaillera. C'est d'autant plus raisonnable, dans ce cas, qu'il espère ainsi obtenir des revenus plus importants demain, et que ses études pourront y contribuer.

De façon analogue, un État peut emprunter en période de crise pour soutenir l'activité ou compenser une insuffisance temporaire de ressources, puis en rétablissant sa situation et sa capacité d'emprunt quand le contexte s'améliorera et générera des ressources additionnelles. Ce faisant, il aura notamment évité de réduire son soutien de l'économie, les investissements et la croissance pendant la crise, permettant une croissance ultérieure plus importante.

C'était par exemple notre situation au moment du premier choc pétrolier (octobre 1973). Le budget 1974 était encore équilibré. Depuis 29 ans, les naissances nombreuses du baby-boom garantissaient la croissance de la population d'âge actif, au moins pour les 20 années suivantes. Le progrès technique continuerait certainement d'en accentuer l'impact économique positif, comme nous le constatons avec la glorieuse croissance

LA DETTE PEUT-ELLE NOUS AIDER FACE AUX PÉNURIES ?

enregistrée depuis la Seconde Guerre mondiale. Quoi de plus raisonnable que de relancer la machine économique, en s'endettant, pour s'adapter à la situation nouvelle, même si l'on faisait l'impasse sur la fraction de cet endettement qui générerait des importations et bénéficierait à nos voisins dans une économie s'ouvrant à l'international ? Le retour de la croissance permettrait de mettre fin au déficit.

Faut-il ensuite, quand le contexte s'améliore, rembourser la dette additionnelle contractée ? À la différence des particuliers, qui meurent et ne peuvent pas s'endetter pour l'éternité, les États ne meurent généralement pas. L'enjeu pour eux n'est pas tant de rembourser leur dette, que de pouvoir en supporter la charge pour conserver la confiance des prêteurs et obtenir qu'ils la renouvellent aux échéances, et acceptent d'en financer l'accroissement.

C'est généralement ce qui se passe : la dette est refinancée à chaque échéance, elle n'est pas remboursée. Elle est, de plus, alimentée par l'excédent des dépenses sur les recettes, en distinguant au sein des dépenses les intérêts de la dette, et le reste qui constitue le solde primaire du

EN ROUTE VERS LES PÉNURIES ?
IL Y A UNE ALTERNATIVE...

budget. Le retour à l'équilibre du solde primaire suffit généralement : la dette augmente alors de ses seuls intérêts.

Mais en proportion du PIB, ce qui mesure mieux l'enjeu réel, elle peut diminuer : il suffit que les intérêts, même élevés, soient inférieurs à la hausse du PIB en volume (hausse soutenue par la croissance démographique et les gains de productivité), majorée de la hausse des prix. La dette se dilue alors doucement du fait de la croissance.

Revenons à 1974. La dette publique était faible, elle baissait depuis près de 30 ans en proportion de la richesse nationale mesurée par le PIB, et n'en représentait plus que 15% en 1974. Le directeur du Trésor de l'époque, professeur de Finances publiques à Sciences Po, se demandait même ce que nous ferions quand nous aurions fini de la rembourser. Le baby-boom assurait encore une longue période de croissance de la population active, et le retour de la croissance réglerait le problème.

Dans les circonstances de l'époque, le rationnement de la production de pétrole et la hausse des

LA DETTE PEUT-ELLE NOUS AIDER FACE AUX PÉNURIES ?

prix entraînaient une forme de pénurie, aux conséquences dépressives. S'endetter pour financer le vigoureux plan de relance de 1975 n'était pas imprudent, mais la bonne solution pour faire face à un choc économique et accompagner l'adaptation de notre économie à ses nouvelles conditions de fonctionnement.

Nous analyserons dans le prochain chapitre si c'est toujours le cas.

CHAPITRE VII

Pouvons-nous nous endetter davantage ?

S'endetter pour financer des dépenses courantes est-il encore approprié aujourd'hui ?

À en juger par la crise budgétaire dans laquelle nous nous débattons actuellement, il est difficile de ne pas se demander si s'endetter pour financer des dépenses courantes est encore approprié aujourd'hui. Aborderions-nous une époque de pénurie de financements ? Que s'est-il passé pour que nous ayons à présent un problème ?

Depuis 1974, la réalité n'a pas correspondu à nos attentes.

Cette prise de conscience n'était pas encore faite en 1981, et nous avons par nos choix électoraux généreusement augmenté les transferts et les dépenses publiques et mis en place un vaste plan de relance destiné à faire baisser le chômage, au moment où l'arrivée sur le marché du travail des générations nombreuses du baby-boom apportait encore une main-d'œuvre abondante. Nous avons

EN ROUTE VERS LES PÉNURIES ?
IL Y A UNE ALTERNATIVE...

également, comme indiqué précédemment, décidé de lutter contre le chômage par le partage du travail, en abaissant l'âge de la retraite à 60 ans et en instituant une cinquième semaine de congés payés.

Mais les recettes publiques ne suivant pas les dépenses, et nos coûts de production augmentant plus vite que ceux de nos compétiteurs, la crise se manifesta sous forme de perte de confiance de nos financeurs et de dévaluations successives du franc (nous n'étions pas encore dans l'euro), ce qui provoqua le tournant de la rigueur dès 1983.

La prise de conscience d'ensemble s'est faite par étapes et progressivement. Nous avons réalisé avec le temps qui passait que la trajectoire démographique avait durablement changé. Le baby-boom ne reviendrait pas. Le livre blanc sur les retraites préfacé par Michel Rocard marque un jalon emblématique dans cette prise de conscience, il date de 1991 (17 ans après la fin du baby-boom, qui s'achève en 1974). Le taux de fécondité, qui était proche de 3 pendant le baby-boom, varie depuis lors entre 2 et 1,6. Le nombre de naissances en 2024, 663 000, est le plus faible depuis 1945. On est bien loin des générations du baby-boom de 840 000 en moyenne.

La hausse de la productivité et la croissance du PIB par tête n'ont également jamais retrouvé leur niveau antérieur. Là encore, nous n'en avons perçu le caractère durable qu'avec le recul. Le livre de Nicolas Baverez, « Les Trente Piteuses », en atteste, il ne date que de 1997 (22 ans après la fin des Trente Glorieuses). Et aujourd'hui, de nouveau 28 ans plus tard, la situation n'est pas meilleure, elle s'est même encore dégradée. Le retour d'une croissance économique forte et les recettes qui y sont associées n'ont jamais été au rendez-vous.

Parallèlement, les crises se sont succédé, qu'il s'agisse notamment des récessions, des krachs boursiers, de la crise des subprimes, et plus récemment du mouvement des Gilets jaunes en octobre 2018, de l'épidémie de Covid en 2020 ou des effets induits par la guerre en Ukraine en dernier lieu, justifiant à chaque fois mesures de soutien, plans de relance ou boucliers tarifaires, relançant les déficits.

EN ROUTE VERS LES PÉNURIES ?
IL Y A UNE ALTERNATIVE...

Pour ce qui est des taux d'intérêt, ils ont connu une forte hausse au début des années 80, provoquant une accélération de la hausse de la charge de la dette publique. Ces intérêts ne représentaient que 0,6% du PIB en 1973. Ils ont culminé à 3,6% en 1996. Grâce à la baisse des taux, incluant même une période exceptionnelle de taux nominaux négatifs de deux années, ce ratio a baissé jusqu'à 1,3% en 2020, conduisant certains à penser et affirmer qu'il n'y avait finalement pas de problème de dette. Mais avec la remontée des taux récente, ce ratio est revenu à 2% en 2024 . Les intérêts versés sur la dette atteignent 58 milliards d'euros en 2024[21]. À titre indicatif, ils représentent 7 points de TVA au taux normal, en hausse de près d'un point de TVA entre 2023 et 2024.

Cette situation, conjuguée à un maintien du déficit primaire à un niveau élevé, a conduit à un déficit de 5,8% du PIB en 2024, pas anticipé à ce niveau et surprenant les pouvoirs publics eux-mêmes, et inquiétant les marchés. Ceux-ci ont augmenté à l'été 2024 la prime de risque exigée pour nous

---

[21] Insee. *En 2024, le déficit public s'élève à 5,8% du PIB, la dette publique à 113,0% du PIB.* 27 mars 2025. insee.fr

POUVONS-NOUS NOUS ENDETTER DAVANTAGE ?

prêter. Parallèlement, la Commission européenne, prenant acte d'un déficit ayant atteint 5,4% du PIB en 2023, a engagé une procédure pour déficit excessif[22].

Si les marchés continuent de nous financer, plus cher néanmoins, les indicateurs d'alerte s'allument, ce qui s'accompagne d'une dégradation de la note de crédit que nous attribuent les agences de notation, que consultent nos prêteurs avant de nous prêter.

Depuis l'environnement précédant 1975, la situation a beaucoup changé. Continuer de financer nos dépenses courantes en nous endettant pose à présent problème.

Quand avons-nous pris pleinement conscience que nous n'étions pas sur la trajectoire anticipée en 1974 ?

En 1997, deux prises de conscience étaient faites : nous n'étions plus sur la trajectoire démographique du baby-boom : à ce moment-là, les générations moins nombreuses nées à partir de 1975

---

[22] Décision formalisée le 26 juillet 2024.

EN ROUTE VERS LES PÉNURIES ?
IL Y A UNE ALTERNATIVE...

commençaient à arriver sur le marché du travail. Nous n'étions pas non plus sur la trajectoire de hausse de la productivité et de la production des Trente Glorieuses.

Le niveau de chômage était alors notre préoccupation principale. Nous avons décidé de partager le travail plus généreusement encore. La loi ramenant de 39 à 35 heures la durée hebdomadaire légale du travail a été votée en 1998 et appliquée à partir de 2000 pour les grandes entreprises et de 2002 pour les PME. Pour rendre cette réforme plus aisément acceptable, nous avons décidé que les 35 heures seraient payées comme précédemment les 39.

Le travail a été davantage réorganisé que redistribué, et son coût horaire a parallèlement augmenté de 11,4% pour les salariés qui sont passés à 35 heures à 39 heures, et de 14,3% pour ceux qui sont restés à 39 heures, du fait de la majoration des quatre heures devenues supplémentaires. Nous n'avions pas anticipé l'impact de ce renchérissement. Le 1er janvier 2002, l'euro est entré en vigueur, nous privant du rééquilibrage usuel de ce type de mesure en décalage par rapport à nos concurrents qu'aurait permis une dévaluation. Le bilan global en termes d'emplois est aujourd'hui controversé, allant de 350 000 emplois créés entre 1998 et 2002 (à rapprocher d'une population active de 27 millions à l'époque) à un impact global négatif du fait de notre perte durable de compétitivité.

En sens inverse, la participation à l'euro nous a permis de bénéficier de la baisse des taux, ce qui a eu un effet important sur le coût de notre dette qui, comme indiqué précédemment, rapporté au PIB, baissait. La dette publique, qui atteignait 62% du PIB en 1997, est ainsi restée relativement stable jusqu'en 2007.

En 2007, la perception du risque financier associé à la dette était faite, en attestent le rapport Pébereau publié en 2006 attirant l'attention sur le niveau élevé de notre dette et proposant des mesures de redressement, et pour ce qui est du grand public, la campagne présidentielle de 2007 lors de laquelle François Bayrou avait fait campagne sur ce thème. Après les élections, le nouveau Premier ministre, François Fillon, déclarait le 21 septembre 2007 : « Je suis à la tête d'un État qui est en situation de

EN ROUTE VERS LES PÉNURIES ?
IL Y A UNE ALTERNATIVE...

faillite sur le plan financier, je suis à la tête d'un État qui est depuis 15 ans en déficit chronique, je suis à la tête d'un État qui n'a jamais voté un budget en équilibre depuis 25 ans, ça ne peut pas durer. »

Cela étant, à l'époque, notre ratio dette sur PIB était voisin de 65% et la note attribuée par les agences de notation à notre pays était encore de AAA. Ce ratio est de 113% à présent. La baisse des taux d'intérêt a contribué à nous anesthésier, mais ils sont remontés, nous sommes en crise.

Y a-t-il un seuil d'endettement que nous serions en train d'atteindre ?

Le risque associé à la dette est double : si les conditions d'érosion de la dette par la croissance du PIB décrites précédemment ne sont pas réunies, la dette augmente par l'effet de ses intérêts plus vite que le PIB. Il en résulte un effet boule de neige, lent au début puis qui s'accélère mécaniquement.

On parle d'augmentation exponentielle, avec un effet accélérateur additionnel : à mesure que les prêteurs commencent à s'inquiéter, ils exigent une prime de risque qui augmente encore les intérêts, et accélère la croissance de la boule de neige. Rétablir la situation devient très difficile, il faut dégager un excédent primaire suffisant, pour stopper l'effet boule de neige.

Il peut également arriver que la dette accrue de ses intérêts augmente moins vite que le PIB, mais que la persistance d'un déficit primaire produise cet effet de boule de neige et d'emballement. C'est notre situation actuellement.

Force est de constater que depuis la crise des subprimes et la croissance de la dette résultant des mesures d'accompagnement que nous avons décidées à l'époque, nous n'avons pas pu reprendre totalement le contrôle de nos finances publiques, alors que d'autres États ont su le faire. C'est le 13 janvier 2012 que l'agence de notation Standard & Poor's nous a retiré notre AAA.

Le bouclage de nos plans de redressement repose, depuis cette époque, sur d'hypothétiques réformes structurelles, parmi lesquelles l'augmentation du

EN ROUTE VERS LES PÉNURIES ?
IL Y A UNE ALTERNATIVE...

taux d'activité de nos seniors - réforme à laquelle, jusqu'à présent, nous ne voulons à aucun prix consentir, comme en témoigne, par exemple, notre résistance aux réformes des retraites, dont celle de 2023, en dernier lieu.

La Cour des comptes elle-même, reprenant les propos de son président tenus en septembre 2024, diagnostiquait explicitement en février 2025 la perte de contrôle de notre dépense publique.

Au-delà des alarmes de nos dirigeants et des agences de notation, anciennes mais qui s'intensifient rapidement à présent, sommes-nous en train d'atteindre la limite ?

Depuis 1980, j'ai pu observer différentes situations d'endettement excessif, en commençant par celle qui a conduit à la restructuration de la dette de nombreux pays en développement à partir de 1982 (crise du Mexique en premier lieu). Puis il y a eu la crise immobilière des années 90 qui a conduit à la crise de nombreux établissements financiers dont le Crédit Lyonnais, et du Crédit Foncier de France en 1996 au sauvetage duquel j'ai participé, et plus récemment la crise de la dette grecque. Le mécanisme est très proche de ce qui se passe pour un ménage ou une entreprise qui glisse vers le surendettement. J'en ai retiré deux convictions.

Le moment où l'on va atteindre la limite n'est pas prévisible précisément. Trop de facteurs interviennent. On voit monter la dette. Les commentateurs disent que cela ne va pas pouvoir durer. Les agences de notation dégradent la dette. Mais les prêteurs continuent de prêter, en augmentant la prime de risque. On se met à croire que cela peut durer encore.

Et puis soudain, souvent sans raison nouvelle additionnelle apparente, les prêteurs perdent confiance, et tout s'accélère : ils arrêtent simplement de prêter. C'est comme pour un élastique que l'on tend à l'extrême, dont on pense qu'il va casser, mais qui tient encore, démentant les pronostics, et qui soudainement se rompt sans raison apparente. Ce n'est qu'après que l'on sait où était la limite.

EN ROUTE VERS LES PÉNURIES ?
IL Y A UNE ALTERNATIVE...

La seconde conviction est que les prêteurs, comme pour les entreprises et les particuliers, sont plus sensibles à la trajectoire qu'au niveau.

En l'état actuel de la confiance des financeurs dans notre pays, ils continuent à prêter, ils pensent donc que nous prendrons les mesures permettant de faire face à nos engagements à leur égard. Mais ils sont de plus en plus inquiets, cela se mesure à la prime de risque, passée en 2024 au-dessus de celle payée par l'Espagne, le Portugal ou la Grèce.

Serions-nous les enfants de la dette ?

L'augmentation de la prime de risque atteste qu'aux yeux de nos prêteurs, nous ne sommes pas sur la bonne trajectoire. Maintenir les déficits à leur niveau actuel n'est plus durable. Les réduire est nécessaire pour regagner leur confiance. Au niveau de dette et de déficit atteints, cela ne tiendra pas jusqu'à ce que nos enfants nous aient remplacés.

Nous prenons difficilement conscience qu'en fait nous sommes les enfants du déficit et de la dette, accumulée par nos parents, voire nos grands-parents pour les plus jeunes d'entre nous, et par nous-mêmes chaque année qui passe, depuis longtemps pour les plus anciens.

Non seulement nous sommes les enfants et petits-enfants de ceux qui ont laissé s'accumuler cette dette, mais, au rythme auquel nous nous attelons depuis des décennies à redresser la situation, nous n'arriverons pas à retransmettre la dette à nos propres enfants. Ses intérêts nous auront asphyxiés avant.

En écartant, dans le cadre du présent essai, les scénarios dans lesquels les crises financières se résolvent dans des révolutions et des guerres, bien que ce ne soit pas rare, qui pourrions-nous mettre en priorité à contribution pour redresser nos finances publiques ?

CHAPITRE VIII

L'argent des autres peut-il aider à limiter les pénuries ?

Nous avons durablement eu recours à l'argent de la dette pour soutenir notre activité et distribuer du pouvoir d'achat, et, plus largement, financer une partie de notre dépense publique et de notre redistribution, au-delà de ce que permettaient les prélèvements obligatoires, fiscaux et sociaux, qui nous semblaient acceptables aux différentes époques de notre histoire contemporaine. Malheureusement, nous semblons atteindre la limite de notre capacité d'endettement, et devons en plus payer chaque année les intérêts sur la dette accumulée. Où trouver l'argent qui nous manque ?

À l'évidence, l'argent des riches peut aider

Que ce soit dans une logique d'équité fiscale, de justice sociale ou de simple efficacité financière, taxer davantage les riches n'est-il pas le meilleur moyen de trouver des ressources additionnelles pour répondre aux besoins ? En pratique, il faut bien prendre l'argent là où il est. Qui plus est,

EN ROUTE VERS LES PÉNURIES ?
IL Y A UNE ALTERNATIVE...

quand on voit le train de vie des riches, et surtout des ultra-riches, et qu'on le compare à celui de la vaste majorité d'entre nous, et plus encore au niveau de vie des plus démunis, c'est manifestement très injuste.

Nos différents gouvernements ont cherché à les mettre davantage à contribution par le passé, avec plus ou moins d'intensité selon les époques. Nous le faisons encore aujourd'hui comme on le voit avec le bouclage de notre budget pour 2025 et la préparation du budget de 2026.

Il est d'autant plus tentant de le faire davantage aujourd'hui qu'avec l'émergence des « ultra-riches », la source semble intarissable, abondante et toujours croissante. De plus, c'est politiquement faisable : ils ne sont pas très nombreux, surtout les ultra-riches.

Mais on ne peut faire l'impasse sur les effets induits : effets sur les comportements et effets économiques.

L'ARGENT DES AUTRES PEUT-IL AIDER À LIMITER LES PÉNURIES ?

Taxer davantage les riches a des conséquences sur leurs comportements

À court terme, certains peuvent décider de s'en aller sous des cieux fiscalement plus cléments, même s'ils subissent un prélèvement à la sortie qui se veut dissuasif. D'autres résistent et font pression sur les pouvoirs publics. D'autres se découragent et lèvent le pied. Mesurer l'ampleur de ces mouvements demeure difficile et les résultats de ces analyses sont controversés. Mais peut-on les négliger pour autant ?

À moyen et long terme, l'effet de répulsion/ attraction est plus grave : d'un côté, les jeunes tentés par l'aventure d'entrepreneur ou voulant jouir largement des produits de leur travail, vont s'installer à l'étranger, nous en connaissons tous. C'est d'autant plus facile que notre planète a rétréci, et que beaucoup se sentent davantage citoyens du monde qu'appartenant à leur communauté d'origine.

En sens inverse, attirons-nous les meilleurs talents ou bien préfèrent-ils d'autres destinations où ils

EN ROUTE VERS LES PÉNURIES ?
IL Y A UNE ALTERNATIVE...

auront un meilleur retour sur leur contribution et bénéficieront de davantage de reconnaissance que chez nous ? Par exemple, selon la National Foundation for American Policy, 55% des licornes américaines, ces start-up valorisées plus de 1 milliard de dollars, ont été fondées par des immigrants. Le fait qu'il fasse bon vivre chez nous et que notre système de protection sociale soit protecteur n'a pas réussi à les attirer. Pour prendre un exemple provocant, et au-delà de la personnalité de son fondateur, n'y aurait-il pas d'avantages à ce que Starlink soit une entreprise française ? Ne vivons-nous pas dans un monde globalement ouvert, et en compétition féroce pour attirer ou conserver les talents ? Comment faire venir en France les futurs leaders de la Tech ?

Taxer davantage les riches a également des conséquences économiques essentielles pour nous

La taxation peut porter sur le patrimoine. Si elle est importante, une fraction devra être vendue. C'est, par exemple, le cas avec les droits de succession. Les effets négatifs sur la survie des entreprises ont conduit à des aménagements, notamment pour

L'ARGENT DES AUTRES PEUT-IL AIDER À LIMITER LES PÉNURIES ?

leur transmission. De nombreux pays ont renoncé à ces droits de succession, préférant voir dans les héritiers des investisseurs utiles plutôt que des consommateurs rentiers à taxer en priorité.

La taxation peut plus généralement porter sur les revenus du capital détenu, directement, et/ou consister en une taxation modérée du capital lui-même, comme c'était le cas avec l'ISF avant sa transformation en IFI. Cette taxation du capital contraint souvent à une distribution de dividendes minimale que l'entreprise n'aurait pas faite en son absence, surtout dans le cas des entreprises en croissance. Elle aurait alors réinvesti ces sommes.

Que les revenus soient seuls taxés ou également le capital, l'impôt payé va pour l'essentiel venir en diminution des réinvestissements du contribuable, tout particulièrement pour les plus riches, ceux justement que nous aimerions taxer davantage. La question est alors de savoir si, globalement, nous avons intérêt à cette réduction de l'investissement, pour maintenir l'alimentation de la dépense publique ou les transferts, et in fine la consommation, ou s'il

EN ROUTE VERS LES PÉNURIES ?
IL Y A UNE ALTERNATIVE...

faut au contraire préserver, voire accroître, notre flux d'investissements.

N'avons-nous pas impérativement besoin d'investir davantage, pour nous moderniser, décarboner, réindustrialiser, pour améliorer notre productivité et développer notre production ? Pour prendre une comparaison imagée, mobiliser des sommes qui ont vocation à être investies pour financer notre consommation ne revient-il pas finalement à faire comme l'artisan qui, à l'étroit financièrement, se paye avec l'argent prévu pour changer son utilitaire et dit à son conjoint : « Tout va bien, j'ai rassuré notre banquier, mais nous ne changerons pas la camionnette cette année... »

Nous sommes ici face à un paradoxe : plus une personne est riche, plus elle investit. N'est-elle pas indispensable à notre économie ? Richesse et investissement sont généralement les deux faces de la même médaille. D'un côté, les riches vivent généralement dans l'abondance avec un niveau de consommation très élevé, il convient de les taxer davantage. De l'autre, ce sont les principaux investisseurs, qu'il convient de protéger,

L'ARGENT DES AUTRES PEUT-IL AIDER À LIMITER LES PÉNURIES ?

d'encourager, d'attirer, voire de subventionner. Quel est notre intérêt bien compris ?

Une des pistes pour dépasser ce paradoxe ne serait-elle pas de distinguer explicitement la consommation des riches de leurs investissements ?

Faudrait-il augmenter la taxation des riches sur leur consommation ?

De façon globale, ce que nous produisons, grâce au capital et à notre travail, est pour partie investi, et pour partie consommé.

Ne manquons-nous pas d'investissement, que ce soit dans nos entreprises comme développé précédemment dans ce chapitre ou aussi en immobilier : l'immobilier produit chaque année un service essentiel, le logement. Or, nous en manquons également, qu'il s'agisse de l'accession à la propriété, du locatif privé notamment indispensable à la mobilité professionnelle, ou du locatif social, submergé par la demande et durablement en manque de moyens en l'état de nos

EN ROUTE VERS LES PÉNURIES ?
IL Y A UNE ALTERNATIVE...

finances publiques. Le nombre de personnes sans abri est reparti à la hausse.

Ce qui est consommé peut être réparti en deux sous-ensembles : le gaspillage et ce qui est réellement consommé. Ce deuxième sous-ensemble peut être divisé en trois : ce qui est de première nécessité, ce qui est consommation normale et le luxe.

Si les premières catégories concernent tous les consommateurs, le luxe est plus particulièrement consommé par les riches. Cette consommation prive-t-elle les autres ? Ce ne sont pas les mêmes biens et services. Mais, dans la mesure où ceux qui ont produit les biens de luxe auraient pu produire davantage pour la consommation normale, et en situation de pénurie de main-d'œuvre, il y a bien un effet d'éviction.

Cette forte consommation de luxe par les riches est-elle un mal nécessaire, dans la mesure où nous aspirons à une société plus égalitaire ? Ou bien serait-elle un facteur de motivation et d'émulation dans la mesure où nous considérons leur style de vie comme particulièrement enviable, poussant chacun

L'ARGENT DES AUTRES PEUT-IL AIDER À LIMITER LES PÉNURIES ?

à donner le meilleur de lui-même ? En France, plus que dans d'autres pays, nous penchons davantage dans le premier sens que dans le second.

Quoi qu'il en soit, cela ouvre une voie : augmenter la redistribution à l'occasion de la consommation de luxe. Ceci a existé, sous la forme d'un taux majoré de TVA de 33%, qui a été réduit à partir de 1982 et supprimé en 1992. Cela passe probablement par une modification de la réglementation européenne, mais le développement de la richesse de la population et l'augmentation des besoins de financement des États membres sont de nature à permettre de rouvrir le débat.

La définition du périmètre du luxe pourra donner lieu à des discussions. Pour l'Observatoire des inégalités, le seuil de la richesse est, comme indiqué précédemment, de deux fois le niveau de vie médian, soit 4 000 euros par mois après impôt pour une personne seule en 2022. On peut envisager deux niveaux de TVA majorée, le premier pour les biens de luxe « grand public », le second pour ceux que seuls peuvent s'offrir les ultra-riches (personnes ayant des revenus de plus de 20 000 euros par mois, qui représentent 0,1% de la population, voire un seuil supérieur).

Au total, l'argent des riches peut et doit aider. C'est d'autant plus nécessaire que sans contribution significative de leur part, d'autres efforts ne seront pas acceptés. Mais ne les taxons-nous pas déjà davantage que la quasi-totalité de nos voisins et concurrents ne le font, dans un environnement international ouvert ? Devons-nous les pousser à l'exode et être simultanément peu attractifs pour les étrangers, ce qui réduira in fine la base d'investissements dont nous avons tant besoin ?

Taxer davantage les entreprises ?

Une alternative n'est-elle pas de taxer davantage au niveau des entreprises ? Elles dégagent des profits importants : plus de 120 milliards d'euros pour les seules sociétés du CAC 40 en 2023. Mais n'y a-t-il pas deux effets pervers à prendre en compte ?

Tout ce qu'elles verseront en impôts supplémentaires augmentera tout d'abord la pression sur leurs autres dépenses, pour essayer de maintenir leur rentabilité,

L'ARGENT DES AUTRES PEUT-IL AIDER À LIMITER LES PÉNURIES ?

dans un environnement concurrentiel vis-à-vis des investisseurs, voire menacera la pérennité de certaines. Ce qui n'aura pas pu être compensé viendra en moins de leurs investissements directs ou du réinvestissement de leurs actionnaires en cas de réduction des dividendes. Ces derniers ne sont-ils pas très majoritairement les ménages les plus aisés, qui modifieront peu leur consommation et arbitreront sur leurs investissements ?

Mais n'y a-t-il pas encore plus dangereux pour nous ? En taxant les entreprises françaises davantage que ne le sont leurs concurrentes étrangères, outre le fait qu'elles investiront moins, elles seront moins attractives pour les investisseurs que les-dites concurrentes étrangères. Épargnants français comme fonds de pension étrangers privilégieront dans leurs allocations d'actifs les entreprises les plus rentables, nos concurrents étrangers. Et ceux-ci n'auront pas davantage intérêt à localiser leurs filiales en France.

C'est une inexorable spirale d'attrition. De façon concrète, si nous taxons davantage nos entreprises par exemple bancaires, pétrolières ou automobiles

EN ROUTE VERS LES PÉNURIES ?
IL Y A UNE ALTERNATIVE...

que nos voisins ne taxent les leurs, où iront les investisseurs ? Au sein de la zone euro, la concurrence est d'autant plus frontale que le marché des capitaux est unifié et qu'il n'y a pas de risque de change. Tout ce qui, dans la production, est délocalisable et peut donner matière à réimportation ou prestation de service à distance, qu'il s'agisse de biens ou de services, finira par être délocalisé.

Là encore, sont-ce bien notre intérêt et notre volonté ?

L'argent des retraités est-il une alternative ?

À côté des riches et des entreprises, pourquoi vouloir mettre davantage les retraités à contribution, comme cela revient régulièrement dans l'actualité et avait été envisagé par le gouvernement Barnier ? Les retraites représentent 400 milliards d'euros de prestations par an, ce sont des recettes de transferts financées par nos cotisations et nos impôts. Elles représentent 40% des prestations sociales et plus du quart de la dépense publique. Comment redresser les comptes publics sans s'y intéresser ?

L'ARGENT DES AUTRES PEUT-IL AIDER À LIMITER LES PÉNURIES ?

C'est d'autant plus tentant que le niveau de vie moyen des retraités est voisin si ce n'est supérieur à celui des actifs, que le taux de pauvreté est plus faible parmi les retraités que dans l'ensemble de la population même après transferts, qu'ils détiennent en moyenne un patrimoine significativement supérieur à celui des actifs, et qu'ils engagent moins l'avenir que les dépenses d'éducation, d'investissement et de défense.

Mais la pension moyenne de droits directs, nette de prélèvements sociaux, était à peine supérieure à 1 500 euros par mois en 2022, et les petites retraites sont modestes. Surtout, les retraités même aisés ont cotisé, fût-ce pour verser des retraites aux générations qui les précédaient et à fonds perdu pour eux dans des régimes en répartition, et accumulé des droits qu'ils entendent défendre. Ils pèsent un poids important dans l'électorat. Quand ils étaient actifs et depuis plus de vingt ans, ils ont obtenu de ne pas devoir travailler significativement plus longtemps et n'acceptent pas aujourd'hui de voir leurs prestations réduites, ne serait-ce que par une revalorisation qui ne suivrait pas totalement l'inflation. Le gouvernement de Michel Barnier,

EN ROUTE VERS LES PÉNURIES ?
IL Y A UNE ALTERNATIVE...

qui a essayé de les mettre à contribution par une revalorisation de leur retraite inférieure de 0,5% à l'inflation, a été renversé sur ce point, même si ce n'était pas la seule raison en cause.

Mobiliser l'argent des retraités n'est-il pas devenu une évidence technique ? Mais n'est-ce pas actuellement simultanément une impasse politique ?

L'argent de la redistribution est-il une alternative ?

Nous, Français, ne sommes-nous pas plus que d'autres épris d'égalité ? Ne pouvant financer notre dépense publique et notre niveau élevé de redistribution par nos seuls prélèvements obligatoires ni en accroissant notre dette, ne devons-nous pas à présent rééquilibrer recettes et dépenses publiques ? Si nous n'arrivons pas à augmenter nos recettes au niveau de nos dépenses, ce que nous n'avons jamais réussi à faire au cours des 50 dernières années, ne faut-il pas à présent envisager de réduire nos dépenses ? Si nous ne pouvons guère toucher à celles qui concernent les

L'ARGENT DES AUTRES PEUT-IL AIDER À LIMITER LES PÉNURIES ?

retraités, peut-être les autres dépenses de transferts sont-elles plus aisément réductibles ?

Il y a deux difficultés. La première est que les bénéficiaires sont généralement les plus démunis et les plus fragiles, ou en situation de difficulté : maladie, chômage par exemple. Même s'ils sont nombreux, et si la couverture sociale est plus importante dans notre pays que dans beaucoup d'autres, les masses en cause demeurent relativement limitées par rapport aux besoins financiers totaux. Surtout, en termes de justice sociale, n'est-ce pas le plus inacceptable ?

Convient-il de les sanctuariser ? Quatre raisons conduisent à s'interroger.

La première est qu'il y a des fraudes et des abus. Sans doute n'y en a-t-il pas beaucoup, et nous avons été assez riches par le passé pour faire l'impasse, voulant de plus ne pas stigmatiser. Mais n'est-ce pas d'autant plus difficile à présent que l'abondance n'est plus là et que cela obère le consentement aux prélèvements obligatoires et à la solidarité ?

EN ROUTE VERS LES PÉNURIES ?
IL Y A UNE ALTERNATIVE...

La deuxième est que, l'impossibilité passée de prélever davantage que ce qui a été fait ayant été ce qu'elle a été, n'est-ce pas sur notre propension à dépenser au-delà de nos moyens, cette propension fût-elle mue par notre générosité, que nous sommes contraints de revenir aujourd'hui ? Peut-être avons-nous été trop généreux ? Les comparaisons internationales autorisent à poser la question.

La troisième raison réside dans l'incertitude qui existe entre la relation au travail et la générosité de la protection sociale. Elle est insuffisamment documentée, et même souvent franchement contestée. Mais dans notre situation, peut-on faire l'impasse, ou doit-on s'inspirer de ce qui a été fait en matière d'indemnisation du chômage par exemple ?

La quatrième est une question de dignité : si la patrie est en danger, fût-ce financièrement, chacun à son échelle ne se doit-il pas d'apporter sa contribution, aussi modeste soit-elle ?

L'ARGENT DES AUTRES PEUT-IL AIDER À LIMITER LES PÉNURIES ?

Quoi qu'il en soit, une contribution prélevée sur la redistribution pourrait-elle être plus que très limitée ?

L'argent des travailleurs est-il la solution ?

Restent les travailleurs. Peut-on prélever davantage sur leurs revenus en augmentant les cotisations sociales, l'impôt sur le revenu ou la CSG, ou sur leur consommation en augmentant par exemple le taux de la TVA ? Le taux normal varie en Europe de 17 % (Luxembourg) à 27 % (Hongrie), et la plupart des pays appliquent un taux voisin de - ou supérieur à - 20 % : 19 pour l'Allemagne, 21 pour l'Espagne, 22 pour l'Italie, 23 pour le Portugal et 25 pour la Suède et le Danemark par exemple. Pourrait-on aussi, pour ce qui concerne le quart des salariés qui ont un employeur public, et à l'extrême, comme cela a été fait dans les pays qui ont dû s'ajuster, ou ponctuellement chez nous par le passé, sous-indexer, voire bloquer temporairement les salaires de la fonction publique, voire les réduire comme en Grèce ?

EN ROUTE VERS LES PÉNURIES ?
IL Y A UNE ALTERNATIVE...

Mais les prélèvements sur le travail sont déjà plus élevés en France que dans les autres pays. Notre perception individuelle comme le consensus sont que le travail de façon générale ne rémunère pas suffisamment pour être attractif, et qu'il faut au contraire améliorer la rémunération nette du travail. Certains proposent même de prélever davantage sur le capital à cet effet, sans toutefois s'interroger sur l'effet que cela aura sur les investissements. Et pour ce qui est du secteur public, les tentatives de réduire la progression de la masse salariale ont été couronnées de peu de succès et la période récente a même été marquée par une accélération de la hausse[23].

Y-a-t-il une autre alternative pour trouver de l'argent ?

Ainsi, les idées pour faire payer les autres ne manquent pas, mais le consentement à payer de chacune des catégories passées en revue n'est-il pas bien absent ?

---

[23] Fipeco. *Les dépenses de personnel de l'État.* 21 avril 2025. fipeco.fr

L'ARGENT DES AUTRES PEUT-IL AIDER À LIMITER LES PÉNURIES ?

Reste l'argent de la dépense publique. Suppression d'organismes inutiles, réduction des aides publiques, et plus encore amélioration de l'efficience comme on le verra plus loin, offrent des perspectives significatives, quoique difficiles à décider puis à mettre en œuvre. Elles demeurent insuffisantes et nécessitent, notamment les dernières, un certain temps pour produire leurs effets.

Pour réduire le niveau d'opposition à des mesures nécessaires, et à présent urgentes pour éviter une crise, voire inéluctables si la crise n'a pas pu être évitée et survient, sans doute conviendra-t-il que chacun contribue au moins un peu pour trouver un point d'équilibre politiquement acceptable. Ce point ne sera ni économiquement satisfaisant pour les uns, ni socialement satisfaisant pour les autres. Et ce point d'équilibre ne sera-t-il pas davantage en l'état des débats une redistribution de la pénurie qu'une solution à ce que nous appelons insuffisance de notre pouvoir d'achat ?

À moins que le salut ne vienne de l'intelligence artificielle, à laquelle est consacré le prochain chapitre ?

CHAPITRE IX
Quelle contribution l'IA peut-elle apporter ?

À la différence des autres chapitres, intégralement écrits par l'auteur, dans un processus interactif de mûrissement puis de rédaction réalisé en interaction avec les personnes mentionnées en remerciements, la première partie du présent chapitre a été produite par une intelligence artificielle. L'auteur a simplement dialogué avec elle, insistant pour avoir des indications quantifiées d'impact potentiel, puis demandé une synthèse. Il a ajouté une conclusion plus personnelle.

Questions : face aux pénuries de main-d'œuvre qui s'annoncent et apparaissent déjà en France, que peut apporter l'intelligence artificielle ? L'intelligence artificielle apporterait donc une hausse de productivité du pays France ? Comment la mesurer ? Tes sources stp ? En structurant ta réponse en trois parties - comme demandé ci-après - merci d'indiquer dans la partie 1 (« Rechercher sur le web ») quels sont les résultats obtenus pour les études et recherches portant sur la mesure quantitative disponible des gains de productivité

EN ROUTE VERS LES PÉNURIES ?
IL Y A UNE ALTERNATIVE...

et diminution des effectifs apportés par l'IA, partie II, théorie économique et technologique (« raisonner ») sur ce même thème, et en partie III faire une synthèse des points I et II pour une vision d'ensemble. Et enfin, peux-tu faire une synthèse en moins de 6 000 signes ?

Réponse de ChatGPT :

« Mes réponses sont basées sur une compilation de connaissances que j'ai acquises lors de ma formation, jusqu'à ma dernière mise à jour en octobre 2023. Cela inclut des informations provenant de recherches académiques, d'articles d'actualité, de rapports d'organisations comme l'OCDE, l'UE, des entreprises technologiques, ainsi que des travaux d'experts dans le domaine de l'IA et de l'économie.

1. IA et gains de productivité : état des études, mécanismes et synthèse

Études et recherches quantitatives

QUELLE CONTRIBUTION L'IA PEUT-ELLE APPORTER ?

a. Étude McKinsey (2018)[24]

McKinsey estime que l'IA pourrait accroître la productivité mondiale de 0,8 à 1,4% par an d'ici 2030. Elle pourrait supprimer 75 à 100 millions d'emplois, surtout dans des secteurs à tâches répétitives (administration, services), mais aussi en créer 133 millions, notamment dans la tech et les métiers créatifs.

b. Étude PwC (2017)[25]

Selon PwC, l'IA pourrait ajouter 15 700 milliards de dollars au PIB mondial d'ici 2030, grâce à des gains dans l'industrie et les services de back-office. Au Royaume-Uni, 35% des emplois pourraient être automatisés, avec des effets sectoriels variables.

c. Étude OCDE (2019)[26]

---

[24] McKinsey Global Institute. *Artificial Intelligence : The Next Digital Frontier ?* 2018.

[25] PwC. *Will robots really steal our jobs ?* 2017.

[26] OCDE. *Artificial Intelligence in Society.* 2019.

L'OCDE projette une hausse de productivité de 0,3 à 0,6% par an dans ses pays membres, sans garantie d'une hausse équivalente des salaires. Les gains seraient inégalement répartis entre secteurs.

d. Étude Oxford (2013)[27]

L'université d'Oxford estime que 47% des emplois aux États-Unis sont à risque d'automatisation d'ici 20 ans, notamment dans la vente, les services et les transports. Les fonctions créatives ou managériales seraient moins touchées.

2. Raisonnement : mécanismes des gains de productivité

a. Automatisation des tâches répétitives

L'IA automatise des tâches à faible valeur ajoutée dans la logistique, la finance ou le support client, réduisant les coûts et accélérant les délais. Cela se traduit par une production accrue par unité de travail.

---

[27] Frey, C.B., & Osborne, M.A. *The Future of Employment : How Susceptible Are Jobs to Computerization ?* 2013.

QUELLE CONTRIBUTION L'IA PEUT-ELLE APPORTER ?

b. Optimisation des processus

L'IA améliore la prise de décision et l'allocation des ressources : gestion des stocks, chaînes d'approvisionnement, personnalisation client. Ces gains renforcent la compétitivité des entreprises.

c. Économies d'échelle

Les systèmes IA, une fois déployés, réduisent les coûts marginaux et permettent d'augmenter la production avec moins de main-d'œuvre, améliorant la rentabilité globale.

3. Effets sur l'emploi

a. Diminution des effectifs

Les emplois basés sur des tâches standardisées sont les plus vulnérables à l'automatisation : industrie, services, parfois professions intermédiaires. Cela entraîne une réduction des effectifs dans ces segments.

b. Création de nouveaux emplois

EN ROUTE VERS LES PÉNURIES ?
IL Y A UNE ALTERNATIVE...

Parallèlement, des métiers émergent dans l'IA, la cybersécurité ou l'analyse de données. Ils exigent des compétences spécifiques et sont mieux rémunérés, favorisant une polarisation du marché du travail entre qualifiés et non qualifiés.

c. Impact macroéconomique

La hausse de productivité stimule le PIB, mais accroît potentiellement les inégalités si les gains se concentrent dans certains secteurs ou catégories socioprofessionnelles.

Synthèse :

L'IA apparaît comme un moteur de croissance. Les études s'accordent sur une amélioration de la productivité estimée entre 0,3 et 1,4% par an. Cette dynamique repose sur l'automatisation, l'optimisation des processus et la diffusion des technologies intelligentes.

Toutefois, l'impact sur l'emploi est ambivalent : destruction de postes dans les secteurs automatisables, mais création d'emplois qualifiés dans la tech.

QUELLE CONTRIBUTION L'IA PEUT-ELLE APPORTER ?

Jusqu'à 47% des emplois pourraient être menacés, notamment aux États-Unis.

Les nouveaux métiers exigent des compétences spécialisées, ce qui pose des défis de formation et de reconversion. Sans accompagnement, ces mutations risquent d'aggraver les inégalités sociales et professionnelles.

En résumé, l'IA représente une opportunité de productivité et de croissance, mais nécessite une action publique forte pour encadrer la transition, anticiper les ruptures et assurer une répartition équitable des bénéfices. »

Même si l'information utilisée par Open AI n'est pas totalement à jour, le texte ainsi obtenu, en quelques minutes seulement, dit l'essentiel. Il confirme les questions qui se sont posées lors de chaque grande révolution technologique, de la roue à l'ordinateur en passant par la traction animale, la machine à vapeur, l'électricité et l'utilisation du pétrole : menaces sur l'emploi dans certains secteurs, développement rapide d'autres secteurs, gains de productivité, et accroissement global de la

EN ROUTE VERS LES PÉNURIES ?
IL Y A UNE ALTERNATIVE...

richesse produite. On pourrait y ajouter d'une part que les difficultés seront d'autant plus importantes dans certains secteurs que la transformation risque d'être rapide, et d'autre part que le mouvement d'ensemble pourra conforter la baisse tendancielle de la durée individuelle du travail.

Dans la perspective du présent essai, c'est une transformation majeure. Mais, dans la dimension comparative du ressenti sur le niveau de vie et de bonheur que nous avons vue au chapitre 4, la question essentielle est de savoir si l'intelligence artificielle nous apportera plus ou moins qu'à nos compétiteurs. Saurons-nous en faire meilleur usage qu'eux ? Pour le moment, les États-Unis et la Chine ont pris de l'avance, et nous sommes davantage dépendants d'eux qu'ils le sont de nous. Ceci expose à tous les risques mis en lumière par Giuliano Da Empoli dans « L'heure des prédateurs »[28]. Sans doute s'agit-il même d'un enjeu stratégique, comme l'aéronautique ou la défense.

Dans notre situation de pénurie de main-d'œuvre, et de recentrage des interventions financières

---

[28] Giuliano Da Empoli. *L'heure des prédateurs*. Gallimard. Mars 2025.

QUELLE CONTRIBUTION L'IA PEUT-ELLE APPORTER ?

des pouvoirs publics, quels moyens additionnels pouvons-nous lui consacrer, pour bénéficier davantage des aspects positifs que nous ne serons affectés par les impacts négatifs ? Le risque avec l'IA n'est-il pas que ce soit le mouvement inverse qui se produise ?

CHAPITRE X

Distribuer du pouvoir d'achat ou élever notre niveau de vie ?

Nous souffrons d'un manque de pouvoir d'achat

Le pouvoir d'achat est régulièrement cité comme notre première préoccupation dans les enquêtes d'opinion, c'est le cas pour 46% d'entre nous dans le sondage IPSOS du 15 février 2025. Pour la majorité d'entre nous, il est insuffisant. Malgré les statistiques de l'Insee mettant en évidence une hausse, la majorité d'entre nous a le sentiment qu'il baisse (65% dans le sondage Elabe du 23 janvier 2025, dont 27% qu'il a beaucoup baissé). C'est moins par rapport au pic d'inflation, mais 82% d'entre nous disent à cette date devoir se serrer la ceinture, dont 29% beaucoup, et 30% sont régulièrement à découvert, en moyenne le 17 du mois. Manifestement, nous ressentons une pénurie de pouvoir d'achat et souhaitons vivement son amélioration.

Nos élus sont évidemment très attentifs à cette attente. Aussi veillent-ils à protéger notre pouvoir d'achat, et à en distribuer. Il peut s'agir de mesures générales, par exemple le maintien des rémunérations pendant les confinements Covid, ou particulières comme les revalorisations du Ségur de la santé. Que se passe-t-il en pratique ?

Le pouvoir d'achat fait-il le niveau de vie ?

La crise Covid est particulièrement instructive : les revenus ont été maintenus grâce à une distribution massive de pouvoir d'achat financée par endettement. La production a baissé de 7%. Nous n'avons pas pu consommer ce qui n'avait pas été produit et la différence est restée sur nos comptes. Elle en est sortie doucement, pour faire face à la hausse des prix lors de la vague d'inflation qui a suivi, ou est allée alimenter notre épargne longue, d'où par le circuit financier (par exemple les fonds euros de l'assurance-vie) elle a permis de financer une partie de la dette contractée par l'État pour maintenir nos revenus. Une fraction a également été utilisée pour financer un rattrapage partiel de notre consommation en rebond après l'épidémie. Mais au-delà de cet élément de rattrapage partiel,

DISTRIBUER DU POUVOIR D'ACHAT OU ÉLEVER NOTRE NIVEAU DE VIE ?

nous n'avons jamais consommé ce qui n'avait pas été produit sur l'ensemble de la période.

Le Ségur de la santé est également intéressant à analyser sous cet angle : comme on l'a vu précédemment, les bénéficiaires ont eu davantage d'euros, et ont pu acheter davantage, en évinçant à production constante les autres consommateurs, au moins pour tout ce qui est produit dans notre pays et dont la production ne peut augmenter faute de main-d'œuvre employée additionnelle. Globalement, une fraction des biens et services correspondants réellement produits a été redistribuée, mais notre consommation globale n'a pas augmenté, et pas davantage notre niveau de vie collectif.

Nos élus, pour limiter la croissance de l'endettement, peuvent préférer prélever sur notre capacité d'investissement, comme on l'a vu précédemment. Mais l'argent ainsi obtenu n'augmentera que peu la possibilité de consommer davantage de biens et services produits en France, personne ne travaillant davantage.

EN ROUTE VERS LES PÉNURIES ?
IL Y A UNE ALTERNATIVE...

Ce moindre investissement peut être partiellement substitué par des investisseurs étrangers, activement recherchés au travers de dispositifs comme Choose France, qui viennent prendre le relais de nos investisseurs. Leur apport permet alors de contribuer à financer nos importations de smartphones, de Tesla, de panneaux solaires chinois, d'énergies fossiles, de séries américaines, et notre tourisme à l'étranger au-delà de nos recettes d'exportation de biens et de services. Cela peut durer longtemps, notre pays a été très riche. Mais nous nous appauvrissons de plus en plus, perdant, outre le capital cédé, les revenus qui y sont attachés. Nous perdons également, pour ce qui n'est pas compensé par des investissements étrangers, notre capacité de nous développer et d'améliorer la productivité de notre travail. Est-ce bien ce que nous voulons, moins investir, et céder le contrôle de nos investissements au bénéfice d'une consommation additionnelle importée ?

Parallèlement, ce pouvoir d'achat distribué est sans impact pour tout ce qui est gratuit, et qui fait une part importante de notre niveau et de notre qualité de vie : la production des 5,7 millions de salariés

DISTRIBUER DU POUVOIR D'ACHAT OU ÉLEVER NOTRE NIVEAU DE VIE ?

de l'État (éducation, sécurité, justice, etc.), des collectivités territoriales et des hôpitaux n'est pas achetable. Ils représentent 20% de l'emploi, et leur activité apporte une contribution substantielle à la satisfaction de nos besoins.

Faute de travail additionnel, les distributions de pouvoir d'achat financées par endettement sont ainsi sans impact sur la part made in France de notre consommation, payante ou gratuite. Cette part représente environ 80% de la consommation totale des ménages et la vaste majorité de la réalité de notre niveau de vie.

Devrions-nous faire évoluer nos éléments de langage en direction du niveau de vie ?

Comme nous l'avons vu au début de cet essai, nos élus ont le vif souhait de nous protéger, mais ils ne peuvent que nous organiser. Comme nous l'avons vu précédemment dans ce chapitre, malgré un endettement public croissant, ils n'ont pas la capacité d'améliorer notre niveau de vie réel pour les 80% de notre consommation made in France si nous ne voulons pas travailler davantage, qu'il s'agisse

EN ROUTE VERS LES PÉNURIES ?
IL Y A UNE ALTERNATIVE...

de consommation marchande ou non marchande. Tout au plus peuvent-ils nous permettre d'importer davantage, au double moyen d'un endettement croissant auprès de nos prêteurs étrangers, et d'un moindre investissement des investisseurs français dans notre pays.

Or, derrière notre revendication de davantage de pouvoir d'achat, n'est-ce pas une amélioration de notre niveau de vie que nous recherchons ? Ce vocabulaire est également proche de celui du « Pacte du pouvoir de vivre[29] » promu par un vaste ensemble d'associations, de fondations, de syndicats et de mutuelles dont la CFDT qui en fait une promotion active. Cette amélioration ne nécessite-t-elle pas une augmentation simultanée de notre revenu et de la production des biens et services domestiques dont nous souhaitons disposer en plus grande quantité ?

Avons-nous une chance de faire évoluer les éléments de langage, qui si souvent structurent nos discours et notre pensée ? Ma conviction est qu'il convient de parler davantage de niveau de vie que

---

[29] Pacte du pouvoir de vivre. pactedupouvoirdevivre.fr

DISTRIBUER DU POUVOIR D'ACHAT OU ÉLEVER NOTRE NIVEAU DE VIE ?

de pouvoir d'achat, de quantités physiques plus que de milliards, de biens et services à consommer, et de travailleurs plus que d'euros pour les produire.

Serait-il alors nécessaire de travailler davantage pour améliorer la réalité de notre niveau de vie ?

CHAPITRE XI

Le risque de crise si nous ne faisons rien

Comme nous l'avons vu dans les premiers chapitres, les pénuries augmentent et vont très probablement continuer d'augmenter. Depuis cinquante ans, nous essayons de maintenir notre niveau de vie en nous endettant. Pouvoir continuer à le faire est devenu incertain. L'argent des autres pourrait compenser, mais il est en pratique peu accessible.

Quant à la perspective de travailler plus, évoquée au chapitre précédent, elle ne nous enthousiasme manifestement pas, à en juger tout particulièrement par notre résistance au relèvement de l'âge de la retraite, et même notre envie de revenir sur son dernier relèvement. Que peut-il se passer ?

Que va-t-il se passer si nous continuons comme avant ?

Avant de revenir sur le précédent de la Grèce, qui à la différence de l'Italie, de l'Espagne et du Portugal, ou plus anciennement du Canada, a refusé de prendre avant l'accident financier les mesures de

EN ROUTE VERS LES PÉNURIES ?
IL Y A UNE ALTERNATIVE...

redressement nécessaires, avec les conséquences que nous avons vues, reprenons la comparaison avec notre petite entreprise artisanale. Nous l'avons laissée au moment où, en situation financière tendue, et pour payer son banquier, l'entrepreneur renonce à changer une de ses camionnettes.

S'il ne travaille pas davantage et maintient son train de vie et ses dépenses, plusieurs conséquences sont probables. Son banquier va continuer de s'inquiéter. Il va augmenter la prime de risque qu'il impose pour prêter. Et il va veiller à ce que ses crédits soient bien gagés, en demandant par exemple une hypothèque sur la maison. L'entrepreneur va continuer d'investir moins qu'il ne serait approprié, et probablement même d'entretenir moins ses camionnettes. Il va également reporter les travaux de réparation de sa maison. Sans doute va-t-il au renouvellement d'une camionnette ne pas acheter la nouvelle, mais la prendre en location ou en leasing, même si cela revient plus cher dans la durée. Peut-être même va-t-il vendre une de ses camionnettes pour se redonner un peu d'oxygène financier.

LE RISQUE DE CRISE SI NOUS NE FAISONS RIEN

Mutatis mutandis, et en revenant à notre pays, ne constatons-nous pas un vieillissement de nos actifs, comme nous le voyons bien avec nos écoles, nos universités, nos hôpitaux, nos commissariats de police, nos rues et nos trottoirs, etc. ? L'État pour se financer n'a-t-il pas mis en place un programme de cession de ses actifs immobiliers, et d'actifs financiers comme les entreprises publiques : aux nationalisations de 1981 ont succédé les privatisations depuis 1987, continûment poursuivies depuis même si elles ne répondaient pas prioritairement à des préoccupations budgétaires à l'origine. N'a-t-il pas ajouté la privatisation des sociétés d'autoroute à partir de 2002 ? D'un côté, ces cessions apportent une contribution immédiate, mais en sens inverse elles privent de recettes récurrentes, ou génèrent des charges nouvelles comme des loyers dans le cas des cessions immobilières, et dégradent la situation future.

Revenons à notre entrepreneur : si sa situation ne se redresse pas, s'il ne réduit pas ses dépenses ou ne travaille pas davantage, son banquier va rapprocher ses mises en garde, et un jour, sans raison apparente, prendre peur et refuser le renouvellement d'un

EN ROUTE VERS LES PÉNURIES ?
IL Y A UNE ALTERNATIVE...

crédit. L'entrepreneur aura le choix entre vendre sa maison et continuer un certain temps son activité dans les mêmes conditions, ne travaillant pas plus et ne dépensant pas moins, mais il devra payer un loyer en plus. Cela peut durer un certain temps, surtout si la maison vaut cher. Il peut plus largement manger durablement son capital si celui-ci est important. Mais cela ne durera pas indéfiniment.

Surtout, simultanément, il se déclasse par rapport à ses collègues, qui souvent rachètent ses actifs, et par rapport à ses concurrents qui grignotent parallèlement son activité. Cette régression, ajoutée à la baisse de ses revenus financiers s'il en avait, à la croissance de ses dépenses (leasing, loyer par exemple) et à la croissance de la charge des intérêts, accélère son déclassement et son sentiment de paupérisation.

La crise est-elle certaine ?

Au bout d'un certain temps, au pied du défaut de paiement, il réalise généralement ce qu'en sera l'effet sur son niveau de vie. C'est le pire scénario possible. Ce n'est pas mortel, il peut préférer une restructuration au défaut de paiement, mais c'est très douloureux. Pour éviter la faillite, il ajuste soudainement et très fortement son niveau de dépenses. Son banquier, pas encore rassuré, maintient le crédit fermé. Il fait le tour des autres prêteurs potentiels, espérant en trouver un qui, en l'échange d'engagements stricts, accepte de financer la relance de son activité. Mais ils préfèrent attendre et voir. Dans l'intervalle, il réduit son activité au niveau de ce qu'il est capable d'autofinancer.

Ne pouvant s'endetter davantage, il revient par la force des circonstances à l'équilibre, pour l'essentiel en dépensant moins, et même épargne pour investir. Au bout d'un certain temps, voire un temps certain, un prêteur finit par prendre confiance, et l'entrepreneur peut relancer son activité.

Ce n'est pas très différent de ce qui est arrivé à la Grèce. À un certain stade (en 2009, dans le contexte de la crise des sub-prime), les prêteurs habituels ont pris peur, les primes de risque qu'ils exigent ont augmenté, et les agences de notation ont dégradé la note de sa dette. À partir de 2010,

EN ROUTE VERS LES PÉNURIES ?
IL Y A UNE ALTERNATIVE...

la Grèce n'a plus eu accès aux marchés de capitaux à moyen et long terme.

Pour éviter d'être mise en défaut, elle est allée supplier les prêteurs de dernier ressort (FMI, BCE et Commission européenne). Ceux-ci, n'étant pas en situation de subventionner, ont posé les conditions usuelles en pareilles circonstances pour prêter, passant par le rétablissement des équilibres fondamentaux. Le gouvernement grec, qui y était fermement opposé, et avait même organisé un référendum sur le sujet, a accepté les conditions, préférables au défaut de paiement. Le plan de redressement, très douloureux, a été mis en œuvre, et le PIB s'est effondré de 25% sur la durée de la crise, de 2008 à 2012[30]. Le sevrage du déficit public a toujours un effet récessif, qui provoque une augmentation des pénuries que l'endettement permettait d'atténuer. Cet effet récessif est d'autant plus fort que l'ajustement est tardif et important.

À en juger par l'expérience des pays passés par de telles restructurations, il faut environ une dizaine

---

[30] Banque mondiale. *PIB (en unités de devises locales constantes) - Greece.* donnees.banquemondiale.org

LE RISQUE DE CRISE SI NOUS NE FAISONS RIEN

d'années pour se remettre d'un accident financier de ce type. Dans le cas de la Grèce, le PIB stagne ensuite 4 années, jusqu'en 2016, avant de reprendre le chemin de la croissance à partir de 2017.

Le crédit revenant avec la confiance, ce qui est le cas à partir de 2019, la croissance peut repartir, à partir d'un niveau devenu bas : le PIB croît aujourd'hui de plus de 2% par an, plus que la moyenne européenne. Mais la baisse subie n'est pas encore rattrapée. Le PIB avait enregistré une baisse totale de 27% entre 2008 et 2016. Il demeure encore, plus de 15 ans plus tard, inférieur de 5% en volume à celui de 2008, et la dette, qui avait dépassé 200% du PIB au pic d'endettement, est encore de 158%, grevant les finances publiques de sa charge d'intérêts.

L'Italie est passée pas loin. Le plan de redressement mis en place par Mario Monti, de 2011 à 2013, a été accompagné d'une baisse du PIB de 5% sur la même période[31], succédant à une première baisse

---

[31] Banque mondiale. *PIB (en unités de devises locales constantes) - Italy*. donnees.banquemondiale.org

EN ROUTE VERS LES PÉNURIES ?
IL Y A UNE ALTERNATIVE...

de 5% de 2007 à 2009 suivie d'un léger rebond, une baisse cumulée de 9% en 6 ans.

Elle a retrouvé à présent (en 2024) un excédent primaire, mais son activité est encore à l'arrêt. La dette accumulée est un handicap durable, qui génère une charge substantielle (la dette comparée au PIB a culminé à 155%, en 2020, car elle continue à augmenter mécaniquement au début du redressement du fait notamment du ralentissement économique avant de diminuer ; elle en représente encore 135% fin 2024, et sa charge a coûté 3 points de PIB en 2024. Sans cette dette, certes en cours de réduction, l'Italie serait dans une situation très satisfaisante.

Nous ne sommes évidemment pas dans la situation de la Grèce avant son accident, nous sommes moins endettés, notre déficit est moins important, et nous avons encore beaucoup d'actifs que nous pouvons mobiliser. Mais nous nous appauvrissons, et nous déclassons dans les comparaisons internationales. Comme nous l'avons vu précédemment, nous sommes passés de la 7e place à la 23e en 25 ans pour ce qui concerne le PIB par tête.

LE RISQUE DE CRISE SI NOUS NE FAISONS RIEN

La Grèce et l'Italie sont plus endettées que nous, mais leur trajectoire est à l'amélioration. La nôtre est à la détérioration. À en juger par la confiance des prêteurs mesurée par les primes de risques, nos qualités de crédit se sont croisées en 2024. C'est plus qu'un signal d'alerte. Si nous ne faisons rien ou pas assez, nous nous retrouverons dans la situation de la Grèce, ce n'est qu'une question de temps. Et plus nous attendrons, plus le boulet de la dette aura grossi dans l'intervalle. C'est le pire avenir possible en termes de pénuries.

PARTIE II
Il y a une alternative…

CHAPITRE XII

À l'inverse, nous pouvons augmenter significativement notre niveau de vie

Revenons à notre entreprise artisanale. Un autre scénario est possible. Sentant l'inquiétude de son banquier, et commençant à percevoir son déclassement, l'entrepreneur décide de garder l'initiative et de relancer son activité. Le banquier exigeant des conditions que l'entrepreneur juge excessives pour financer une nouvelle camionnette, il décide de restreindre franchement sa consommation et de se payer lui-même un véhicule moins ancien et plus fiable que son véhicule actuel à renouveler. Il renonce à une partie de ses vacances, fait les approvisionnements de ses chantiers le samedi, et allonge ses journées.

Constatant ce changement et la nouvelle trajectoire financière qui en résulte, son banquier reprend confiance, et ils préparent bientôt ensemble un plan de rebond. Le banquier, qui tient à ne pas perdre ce client qui devient moins risqué, réduit la prime de risque. Grâce à une activité accrue et un autofinancement reconstitué, le poids relatif

EN ROUTE VERS LES PÉNURIES ?
IL Y A UNE ALTERNATIVE...

de la dette se réduit. C'est un cercle vertueux qui s'engage. Assez rapidement, l'entrepreneur, tout en maintenant une activité soutenue, peut ré-augmenter sa consommation et son niveau de vie.

Les pays qui ont dû redresser leur situation montrent que le redressement, comme celui de notre entrepreneur, est possible. On n'en analysera pas ici les modalités détaillées, aisément accessibles dans la littérature. Le redressement de la situation financière d'un pays passe toujours par une baisse des dépenses publiques, qu'il s'agisse des dépenses sociales dont en première ligne les retraites, ou des dépenses des collectivités publiques dont l'État, incluant la rémunération et le nombre de ses agents. Il passe également par une hausse au moins temporaire des impôts, de façon à rétablir rapidement l'équilibre primaire.

Ce double mouvement entraîne dans un premier temps une baisse de l'activité, avant qu'elle ne reparte, sur des bases plus ou moins assainies en profondeur selon la façon dont le redressement a été structuré. Le modèle de dépenses antérieur ne peut en tout cas pas être rétabli, surtout si la

À L'INVERSE, NOUS POUVONS AUGMENTER SIGNIFICATIVEMENT NOTRE NIVEAU DE VIE

fiscalité était déjà à un niveau élevé, sauf à revenir progressivement à la situation de surendettement antérieure, ce qui n'est pas l'objectif. La baisse de la dépense publique est un point de passage obligé et un changement durable. Les impôts augmentés peuvent ensuite être progressivement réduits à mesure que la dette et ses intérêts reviennent à un niveau soutenable.

Peut-on faire mieux que rétablir l'équilibre et revenir à la situation de production antérieure à l'ajustement ?

Un point nous différencie des autres pays qui ont dû se redresser : nous disposons d'une importante réserve de travail, que nous expliciterons au chapitre suivant, et que nous peinons à mobiliser. La nécessité du rétablissement nous ouvre une opportunité, à savoir celle de créer les conditions de cette mobilisation de notre réserve de travail. Une telle mobilisation nous permettrait d'engager une phase durable d'amélioration majeure de notre niveau de vie.

EN ROUTE VERS LES PÉNURIES ?
IL Y A UNE ALTERNATIVE...

Réorientons le projecteur dans ce sens, vers le bon côté de la médaille. Du fait de la contrainte financière, et au-delà du rééquilibrage de nos régimes de retraite en répartition en débat, notre perception est déjà qu'il faudrait travailler plus pour payer nos dettes et maintenir notre système de protection sociale. C'est le mauvais côté de la médaille, celui qui n'est pas motivant du tout pour le travailleur : ce serait tout pour les autres, créanciers et bénéficiaires de la dépense publique et sociale, à l'image de la journée de travail additionnelle pour financer la dépendance.

Nous pouvons, et il nous faut regarder également le sujet dans l'autre sens, l'autre côté de la médaille, et même une sorte de révolution copernicienne : une fois le redressement effectué et l'équilibre budgétaire primaire rétabli, en figeant notre dépense publique au niveau atteint sous la contrainte, tout le travail additionnel que nous ferions au-delà du niveau antérieur viendrait augmenter la production de biens et services à nous partager à 100% entre travailleurs, éliminant l'effet largement dissuasif des prélèvements obligatoires et des transferts, sans léser les bénéficiaires de la redistribution, fixée au

À L'INVERSE, NOUS POUVONS AUGMENTER SIGNIFICATIVEMENT NOTRE NIVEAU DE VIE

niveau que nous sommes actuellement réellement en mesure de supporter.

En comblant notre décalage par rapport à nos voisins allemands, nous pouvons améliorer de 14% notre niveau de vie global

Projetons-nous dans une économie où nous travaillerions et produirions autant que nos voisins allemands. En comparaison standard des pouvoirs d'achat par tête, nous sommes en 2023 à 37 600 euros en moyenne pour l'Union européenne et 39 200 dans la zone euro. Notre pays vient en 11ᵉ position sur 27 avec 38 000 euros, à peine dans la moyenne, à comparer à 43 300 pour nos voisins allemands (+14% par rapport à nous), eux-mêmes en 8ᵉ position seulement.

Avec un PIB par tête augmenté à terme de 14%, principalement grâce à une hausse des taux d'activité car c'est là que nous avons le plus d'écart, et toutes choses égales par ailleurs, notre ratio dette/PIB passerait de 114% à 100%, par seul effet de dilution. Mais surtout, avec la baisse de la redistribution et de la dépense publique qui

EN ROUTE VERS LES PÉNURIES ?
IL Y A UNE ALTERNATIVE...

résulteraient des ajustements issus du plan de restructuration, nous pourrions ambitionner de n'avoir aucun prélèvement sur cette production potentielle additionnelle de 14%.

Le taux de prélèvements obligatoires passerait de 45,6%[32] du PIB (source Eurostat), le plus élevé en Europe dont la moyenne est de 40,6%, à 40% par le seul effet de dilution. Et le ratio de dépense publique passerait de 57,3%[33] du PIB en 2023 (pour une moyenne européenne de 49,4%, source Insee) à 50% à terme par le seul effet de dilution, et plusieurs points en dessous par l'effet durable du plan de redressement.

Il s'agit d'impacts nettement supérieurs à ceux du plan de redressement des finances publiques tels qu'on peut les évaluer actuellement : 14 points de PIB en plus, c'est 420 milliards de production additionnelle, pour partie investie et pour la majorité consommée, augmentant à due concurrence

---

[32] Eurostat. *Main national accounts tax aggregates.* 30 avril 2025. ec.europa.eu

[33] Insee. *Dépenses des administrations publiques dans l'Union européenne.* 31 juillet 2024. insee.fr

À L'INVERSE, NOUS POUVONS AUGMENTER SIGNIFICATIVEMENT NOTRE NIVEAU DE VIE

notre niveau de vie, à comparer aux 120 milliards de réductions de dépenses publiques et de hausses des prélèvements obligatoires recherchés, dont 40 pour 2026, avant hausse des dépenses de défense.

C'est bien cette forte augmentation de notre niveau de vie qui est l'enjeu.

Soulignons qu'il ne s'agit pas de travailler chacun 14% de plus, ni d'augmenter notre productivité de 14% avec une pression accrue ou en transpirant davantage. Nous pouvons le faire collectivement beaucoup plus agréablement et équitablement.

Sans doute faut-il du temps. De même que nous avons longuement décliné par rapport à nos voisins, depuis 25 ans environ, de même faudra-t-il du temps. Rattraper ½ point par an se constate dans l'histoire. Un tel rattrapage pourra s'étaler sur une génération. N'est-ce pas un legs intéressant à faire aux générations qui suivent, d'autant plus que nous bénéficierons rapidement nous-mêmes de l'amélioration de la situation ?

EN ROUTE VERS LES PÉNURIES ?
IL Y A UNE ALTERNATIVE...

Comment ? La clé est de ne pas regarder à qui l'on peut prendre ce qui manque, personne ne travaillant davantage, mais comment chacun peut y contribuer. « Il faut compter sur ses propres forces » souligne le Grand Timonier dans le Petit Livre rouge.

Au lieu de nous engager dans la restructuration à reculons et sous la contrainte, comme nous le constatons actuellement dans le débat parlementaire, faire demi-tour et y aller en marche avant et résolument est bien plus efficace et agréable. De plus, dès que la trajectoire s'améliore, la contrainte financière s'allège et rapidement disparaît. C'est un chemin durable de prospérité et de bonheur croissants.

Comment faire concrètement ? C'est ce à quoi sont consacrés les prochains chapitres.

CHAPITRE XIII

L'importance des réserves de travail mobilisables

L'analyse comparative succincte faite au chapitre précédent indique que nous pourrions produire collectivement nettement plus que ce que nous faisons actuellement, en nous rapprochant de pays européens qui font mieux que nous. En prenant comme référence nos voisins allemands, nous pourrions augmenter notre production et notre niveau de vie moyen de 14%. Comment serait-ce possible ? Il y a plusieurs façons de l'envisager.

Il n'y aura pas de miracle sur la productivité

Nous pouvons tout d'abord escompter une hausse de la productivité. Mais cette perspective est très peu probable, pour trois raisons.

Premièrement, pourquoi des progrès de productivité auraient-ils lieu dans notre pays qui n'auraient pas lieu ailleurs ? Même si la productivité augmentait fortement, par exemple grâce à l'intelligence artificielle, ce ne serait pas différenciant, nous ne rattraperions pas notre décalage.

EN ROUTE VERS LES PÉNURIES ?
IL Y A UNE ALTERNATIVE...

En deuxième lieu, nous commençons à être contraints par l'augmentation de notre dette publique et la persistance de nos déficits. Pour les réduire, nous taxerons davantage les investisseurs et les entreprises. Nous avons commencé avec le budget 2025. Or, ce sont les investissements qui font la productivité. La tendance naturelle est que, investissant moins que nos compétiteurs, notre productivité relative se dégrade.

Troisièmement, pour ce qui relèvera de davantage de personnes en emploi, les travailleurs additionnels seront probablement moins productifs que les travailleurs déjà en activité.

Notre productivité va-t-elle également se dégrader plus que celle de nos voisins par augmentation plus marquée que chez eux de la part des emplois à faible productivité ? Ce n'est pas inéluctable, car nous avons un important déficit d'activités dans des domaines à forte productivité, en commençant par l'industrie.

L'IMPORTANCE DES RÉSERVES DE TRAVAIL MOBILISABLES

Si nous ne pouvons pas compter sur la productivité comme facteur de rattrapage, pouvons-nous compter sur la quantité de travail ?

La bonne nouvelle est que nous travaillons significativement moins que tous nos voisins. Nous avons donc un réservoir mobilisable important. La moins bonne nouvelle est que nous n'en avons aucune envie. Comme nous l'avons remarqué précédemment, nous sommes même arc-boutés contre. Nous verrons dans les chapitres ultérieurs comment aborder cet aspect du sujet. Pour ce qui est de notre réservoir de travail mobilisable, il a plusieurs composantes.

Nous pouvons augmenter (un peu) la durée individuelle du travail

La première façon d'augmenter la quantité de travail est par la durée individuelle de travail. C'est la plus facile à mobiliser : il s'agit d'augmenter la durée de travail de travailleurs en emploi. Étant en emploi, ils sont formés et compétents. Étant en emploi, pas besoin de mètres carrés supplémentaires ou d'autres investissements additionnels pour créer des postes

EN ROUTE VERS LES PÉNURIES ?
IL Y A UNE ALTERNATIVE...

de travail, ni d'encadrement additionnel. Plusieurs modalités sont possibles. Sans s'intéresser à ce stade à leur acceptabilité, on peut citer :

L'allongement de la durée de la journée ou de la semaine de travail. Passer de 35 heures à 36 augmente la durée de travail de près de 3%, et à 40 heures de plus de 14%. La 41e heure apporte encore 2,5%. Avantage additionnel de cette approche, la production augmente davantage que le temps de travail, car le temps mesuré est le temps de présence et pas le temps de production effective. Une heure par semaine, c'est 12 minutes de plus par jour, sans que les temps morts ou non directement productifs ne soient augmentés à concurrence (mise en route, pauses, activités nécessaires mais non productives comme temps de formation et d'information ou moins productives comme de nombreuses réunions dans les services). Ce supplément de productivité est ce qui rend possible la majoration des heures supplémentaires, il n'est pas négligeable. Bénéfice complémentaire de cette approche, les temps de transport domicile travail ne sont pas augmentés, c'est donc également ce qui prend le moins sur le temps non travaillé.

L'IMPORTANCE DES RÉSERVES DE TRAVAIL MOBILISABLES

Deuxième piste, augmenter le nombre de jours travaillés. Travailler un jour de plus dans l'année apporte un complément de près de 0,5%, et de 2,3% pour une semaine, avec de moindres bénéfices de productivité que ceux décrits précédemment à propos du travail quotidien. Sans toucher à la durée des congés légaux, bien qu'elle soit nettement supérieure à ce qu'elle est dans de nombreux pays, il serait possible de réduire le nombre de jours fériés, ou de jours de RTT, par exemple en les payant au lieu d'obliger à les prendre. Pourquoi même ne pas autoriser à travailler l'une des cinq semaines de congés payés contre rémunération additionnelle ?

On peut jouer sur ces différents leviers. En pratique, la durée annuelle moyenne de travail pour les salariés à plein temps dans notre pays est de 1 673 heures. C'est 4% seulement de plus que la référence réglementaire de 1 607 heures par an pour un emploi salarié à plein temps de 35 heures par semaine et ne bénéficiant que des congés légaux, référence au demeurant très basse en Europe.

La durée hebdomadaire moyenne réelle est en fait nettement supérieure à 35 heures, elle est proche

EN ROUTE VERS LES PÉNURIES ?
IL Y A UNE ALTERNATIVE...

de 39 heures. C'est 11,4% de plus que le seuil de 35 heures. Si une augmentation du minimum hebdomadaire légal est possible, l'augmentation réelle sera sensiblement inférieure.

Pour ce qui est du nombre des jours travaillés, il est de 213[34] par an en moyenne. C'est 15 jours ouvrés de moins que la référence légale annuelle (228 jours) correspondant à cinq semaines de congés payés, soit 7% de moins.

Ces 1 673 heures annuelles pour un travailleur salarié à temps plein se comparent également à 1 790[35] en Allemagne ou pour la moyenne européenne, ce qui est 7% plus élevé, pour la seule population salariée à plein temps.

Travailler autant que nos voisins pour les salariés à plein temps permettrait d'augmenter de 7% notre temps travaillé, et de près de 9% notre production en forfaitisant à 1,25 le coefficient de majoration de la productivité de ces heures additionnelles. Je

---

[34] INSEE. *Emploi, chômage, revenus du travail.* 29 juin 2023. insee.fr

[35] Rexecode. *Durée effective et quantité de travail en France et en Europe en 2023.* 19 décembre 2024. rexecode.fr

L'IMPORTANCE DES RÉSERVES DE TRAVAIL MOBILISABLES

proposerai plus loin une augmentation limitée à 6% de ce temps annuel de travail individuel pour les salariés à plein temps.

Nous pouvons également augmenter significativement le nombre de personnes en emploi

De façon alternative ou complémentaire à l'augmentation de la durée individuelle du travail, nous pouvons viser à augmenter les taux d'activité.

L'amélioration du taux d'activité des seniors est dans l'actualité, et le restera durablement dans la situation de notre démographie. Elle est surtout vue comme un moyen d'avoir moins de retraités et davantage de cotisants, ce qui permet d'améliorer l'équilibre des comptes de nos régimes de retraite en répartition. Mais elle a plus encore pour effet d'augmenter la production de biens et services non importables à se partager, ce qui permet d'améliorer notre niveau de vie pour tout ce qui n'est pas importable, de façon beaucoup plus rapide qu'en mobilisant davantage les jeunes et les chômeurs :

EN ROUTE VERS LES PÉNURIES ?
IL Y A UNE ALTERNATIVE...

il s'agit de travailleurs expérimentés et pour la très grande majorité encore en emploi.

En 2023, les taux d'activité en France sont de 77% pour les 55-59 ans et 38,9% pour les 60-64 ans, avec une moyenne de 58,4% pour les 55-64 ans. Ce dernier chiffre se compare à 63,9% pour la moyenne européenne et à 74,6% en Allemagne. Avec un taux d'activité égal à nos voisins allemands, nous aurions 1,4 million d'actifs en plus, dont 0,3 million pour les 55-59 ans et 1,1 million pour les 60-64 ans. Ce sont environ deux générations de plus en activité.

La baisse du chômage demeure également un objectif important, même si nos ambitions en la matière n'ont guère été couronnées de succès à ce stade. Passer du taux actuel (7,8% à fin 2024, taux EFT de l'Union européenne) au plein emploi (on peut prendre 4% comme cible, taux atteint dans les départements français où le marché du travail est le plus tendu, et où le taux de personnes au RSA est le plus faible[36], à comparer à 3,4% en Allemagne, à 5,9% dans l'UE et à 4,1% aux États-Unis à fin 2024)

---

[36] DREES. *L'aide et l'action sociales en France. Fiche 33 : Les bénéficiaires du revenu de solidarité active (RSA)*. Édition 2022. drees.solidarites-sante.gouv.fr

L'IMPORTANCE DES RÉSERVES DE TRAVAIL MOBILISABLES

représente plus de 1,1 million d'emplois en plus, sans compter la fraction du chômage non prise en compte dans les définitions internationales : nous comptons 5,5 millions de demandeurs d'emploi toutes catégories confondues, pour une population en emploi de 30 millions environ, c'est beaucoup plus que les 7,8% de chômeurs comptabilisés par les chiffres qui précèdent.

Nous nous référons également souvent au sous-emploi des jeunes. Le taux d'activité des 15-24 ans était de 32,2% en 2021, à comparer à 48,7% en Allemagne et à 32,7% dans l'UE. Rejoindre le niveau d'emploi des jeunes en Allemagne ajouterait 1,4 million d'emplois.

C'est au total 3,9 millions de travailleurs qui pourraient être mobilisés, augmentant de 13% notre population en emploi. Je proposerai plus loin de n'en mobiliser que 10%.

Notre réserve de travail est plus que suffisante

L'économie de notre pays ne peut pas se déformer rapidement, il faut former les travailleurs

EN ROUTE VERS LES PÉNURIES ?
IL Y A UNE ALTERNATIVE...

additionnels, et investir pour créer leurs postes de travail. Mais ces chiffres montrent à quel point nous pourrions travailler davantage. Le réservoir dont nous disposons est particulièrement important. Mesuré par le nombre d'heures travaillées dans le pays rapporté aux nombres d'habitants, pour prendre la mesure la plus englobante, nous sommes le pays de l'OCDE qui travaille le moins parmi les pays membres. Sur la base de leur dernière publication, nous travaillons 664 heures par an, à comparer à 770 en moyenne en Europe (+16%). Nous avons réduit notre retard au cours des années récentes, mais il demeure important par rapport aux principaux pays : 730 pour l'Allemagne (+10%), 767 pour l'Italie (+15%), et 835 pour les États-Unis (+26%).

Rattraper un demi-point d'écart par an ne serait pas négligeable. Il nous faudrait alors une génération pour combler l'écart à la moyenne européenne. Si nous voulons aller plus vite et disposer plus rapidement de la production de biens et de services additionnels correspondants, le levier le plus simple et efficace est une légère augmentation de la durée hebdomadaire du travail, par exemple d'une

L'IMPORTANCE DES RÉSERVES DE TRAVAIL MOBILISABLES

heure pour que la durée effective passe de 39 à 40 heures, entraînant un gain de travail de 2,5% et de niveau de vie 3% environ. Une deuxième heure annuelle permettrait de combler 5 points sur les 7 d'écart que nous avons pour le travail salarié par rapport à la moyenne européenne. Vient ensuite la durée annuelle du travail. Deux jours de travail additionnel permettraient d'ajouter 1% et d'arriver à 6% de travail additionnel, et 7% de PIB également additionnel.

L'augmentation des taux d'activité aurait en revanche sur la production et pour ces travailleurs additionnels un effet inférieur à l'augmentation du temps passé, sous le double effet du temps partiel (plus important dans certains pays dont l'Allemagne que dans le nôtre, et qui augmenterait chez nous comme on le voit avec l'apprentissage ou la retraite progressive), et d'une moindre productivité des travailleurs additionnels. Une contribution de 10% à l'augmentation du travail effectué, environ 1 million par catégorie analysée précédemment (seniors, chômeurs et jeunes) pourrait apporter en ordre de grandeur de l'ordre de 7% de production en plus.

EN ROUTE VERS LES PÉNURIES ?
IL Y A UNE ALTERNATIVE...

Il s'agit essentiellement d'une illustration, l'économie n'a pas cette précision arithmétique et n'est pas pilotable à un horizon aussi éloigné. Mais elle étaye la perspective selon laquelle nous avons la réserve suffisante de potentiel de travail pour travailler un peu plus et surtout plus nombreux, sans devoir transpirer davantage, pour combler l'écart de niveau de vie que nous avons laissé se creuser avec nos principaux compétiteurs. C'est 14% de niveau de vie en plus qui sont accessibles, voire davantage, particulièrement appréciables si nous veillons à ne pas augmenter simultanément les dépenses publiques ni nos dépenses contraintes.

Au demeurant, certains d'entre nous ne travaillent-ils pas déjà bien davantage que les autres ?

CHAPITRE XIV

Les Français aiment travailler, pour eux

Que signifie travailler ?

Les mots travail ou travailler n'évoquent pas la même chose pour chacun de nous. Qu'est-ce qui fait qu'une activité peut être qualifiée de travail au sens du présent essai ? Prenons deux métiers en exemples.

Premier exemple : cuisinier est un métier. Faire la cuisine est-il pour autant travailler ? Nous pouvons cuisiner pour nous, pour nous nourrir, ou pour d'autres, en préparant le repas de la famille. Nous pourrions choisir de ne pas faire cette activité, et d'aller au restaurant, mais cela coûterait plus cher et pourrait prendre davantage de temps. Nous pouvons également prendre le temps d'une cuisine plus élaborée, pour notre plaisir, et/ou pour le plaisir de nos convives.

Deuxième exemple : le plus vieux métier du monde. Exercer l'activité correspondante est-il en soi travailler ? Ne peut-on exercer cette activité simplement pour son plaisir, ou bénévolement pour celui d'un autre, ou dans différentes formes de réciprocité ?

Dans ces deux activités, la première qui délivre un produit, la seconde un service, ce n'est manifestement pas l'activité en tant que telle qui fait le travail. Ce n'est pas toujours le cas. On ne voit guère par exemple une activité de contrôle de gestion ou d'audit, ou une activité d'animation commerciale s'exercer en dehors d'un cadre professionnel. Mais cela vaut pour un grand nombre d'activités, notamment tous les travaux domestiques ou familiaux, qui peuvent également être confiés à des professionnels qui en font leur métier, y compris par exemple s'occuper des enfants, et bien d'autres activités comme construire sa maison, conduire un véhicule, faire ses comptes, etc.

Deux éléments essentiels caractérisent le travail, quelle que soit l'activité : d'une part, nous travaillons pour répondre aux besoins d'autres personnes, qu'elles soient clientes ou s'inscrivent dans le cadre d'une activité de service public ; le travail s'inscrit ainsi dans le cadre d'une relation. Et d'autre part, nous le faisons en contrepartie d'une rémunération, qui nous permet avec cette rémunération du bien ou du service que nous apportons de nous procurer les biens ou services que nous désirons.

Il y a d'autres éléments, comme le caractère productif de l'activité, mais il n'est pas propre au travail (on peut produire pour soi), ou comme la professionnalisation, mais elle n'est pas obligatoire (il y a de nombreux métiers qui n'appellent pas de compétence particulière), même si dans un monde complexe et structuré elle est de plus en plus fréquente. Il y a aussi une dimension de régularité dans l'exercice de l'activité, et selon la nature de l'activité, de répétitivité.

Le travail peut également avoir une dimension de pénibilité (la sueur du front, l'usure). Mais ce n'est pas nécessairement le cas, et il n'est pas nécessairement en soi rébarbatif, il est même souvent source de stabilité, de lien social, d'interaction, d'expression de soi, de réalisation, d'épanouissement, de reconnaissance, et de plaisir. Le travail est également souvent facteur de santé et de bonheur.

EN ROUTE VERS LES PÉNURIES ?
IL Y A UNE ALTERNATIVE...

Ainsi, ce n'est manifestement pas l'activité qui fait le travail au sens où certaines activités seraient loisir et d'autres travail. Ce sont la relation et la rétribution (la rémunération) qui définissent le travail au sens de cet essai, à la différence du travail bénévole (non rémunéré), voire du travail forcé pas vraiment rémunéré non plus, que nous n'aborderons pas. Il s'agit de répondre à un besoin d'un autre, in fine le client final qui paye, directement ou par ses impôts pour les services publics gratuits, en produisant et lui procurant un bien ou un service, moyennant rémunération.

Le bien ou le service peut être apporté directement, c'est le cas du travailleur indépendant, ou indirectement, le client payant un intermédiaire qui nous salarie. De nombreux métiers peuvent être exercés sous les deux statuts. Mais ce n'est pas du tout pareil pour le travailleur, et cela affecte manifestement notre relation au travail.

Aimerions-nous travailler pour nous ?

Dans le cas du travailleur indépendant, la relation au client est directe. L'utilité de son travail et la satisfaction, voire la reconnaissance du client sont directement perceptibles, son insatisfaction également le cas échéant. Le travailleur s'organise à sa guise, il est à la fois indépendant et responsable.

Il voit les frais qu'il expose pour générer son activité et la mettre en œuvre, et bénéficie de l'intégralité de la rémunération versée, sous réserve des cotisations sociales, des taxes sur le chiffre d'affaires et de l'impôt et des taxes sur son bénéfice. Il vend au prix du marché. Pour gagner plus, il lui faut s'organiser mieux, améliorer sa prestation pour la vendre plus cher, et/ou travailler davantage. Le lien entre ce que produit son activité et sa rémunération est direct.

Selon Rexecode, la durée effective du travail des travailleurs non-salariés (y compris indépendants) est en France parmi les plus élevées de l'Union européenne, avec 2 228 heures[37] par an en 2023, 3% au-dessus de la moyenne européenne (2 157), et 5% au-dessus de la moyenne de l'Allemagne (2 119).

---

[37] Rexecode. *Durée effective et quantité de travail en France et en Europe en 2023.* 19 décembre 2024. rexecode.fr

EN ROUTE VERS LES PÉNURIES ?
IL Y A UNE ALTERNATIVE...

Elle est dans notre pays supérieure de 33% à celle des salariés, ce qui est nettement supérieur à l'écart pour la moyenne européenne (20%), de même que pour les principaux pays qui nous sont comparables : 18% pour l'Allemagne, 20% pour l'Italie et 23% pour l'Espagne.

La population des travailleurs indépendants est loin d'être homogène, avec plus de 50% d'autoentrepreneurs, dont une fraction gagne très peu, si bien que plus du quart des indépendants ont des revenus d'activité annuels inférieurs à la moitié du SMIC rapporté à leur quotité de travail[38]. En mettant à part la fraction des autoentrepreneurs dont la situation est souvent plus subie que voulue, tant par rapport à leurs collègues français salariés qu'à leurs homologues étrangers, les travailleurs indépendants français, comme par exemple les agriculteurs[39] ou les commerçants, travaillent en

---

[38] Insee. *Un peu plus d'un indépendant sur dix gagne moins de la moitié du Smic annuel et vit sous le seuil de pauvreté.* 05 janvier 2022. insee.fr

[39] Le blog de l'Insee. *Combien gagne un agriculteur ?* 12 décembre 2024. blog.insee.fr

moyenne beaucoup[40], gagnent souvent moins en termes de rémunération horaire, voire totale, et semblent aimer travailler.

Mais n'aimerions-nous pas travailler pour les autres ?

Toujours selon Rexecode, la durée effective du travail des travailleurs salariés à temps plein est en France, à l'inverse des indépendants, parmi les plus faibles de l'Union européenne, avec, comme on l'a vu précédemment, 1 673 heures par an, à comparer à 1 790 (soit 7% de plus) pour la moyenne européenne et également pour l'Allemagne en 2023. La France se classe 3ᵉ en partant du pays où cette durée est la plus faible.

Si nous étions satisfaits de notre niveau de vie, cette situation ne poserait pas question. Mais, alors que l'emploi salarié représente 87% de l'emploi dans notre pays, nous souffrons de façon large d'une insuffisance de notre niveau de vie, qu'il s'agisse de l'accès aux biens et services gratuits mis à

---

[40] Insee Références. *Fiches - Marché du travail. 3.4 Durée et conditions de travail.* Édition 2018.

EN ROUTE VERS LES PÉNURIES ?
IL Y A UNE ALTERNATIVE...

disposition par l'État et les collectivités locales, ou des biens et services marchands que nous voudrions acheter. Comment expliquer cette réticence face au travail salarié ?

Cette part de 87% correspond à une double réalité. D'une part, de nombreuses activités ne peuvent pas être exercées de façon indépendante, comme l'industrie, la banque, l'assurance, et bien d'autres. D'autre part, nous ne sommes pas tous en capacité d'exercer une activité indépendante, qui outre son activité productive a des dimensions commerciales et administratives essentielles. De plus, nous avons souvent besoin d'un cadre, ou préférons que d'autres prennent les décisions et assument les risques qui y sont associés.

Le salariat apporte également un élément de sécurité, du fait de son statut protecteur, encore que l'employabilité soit une meilleure protection que la nature du contrat de travail : le CDI n'a pas protégé les salariés de la sidérurgie hier et ne protégera pas plus demain les salariés de la disparition de certains métiers comme l'industrie automobile thermique ou l'énergie d'origine pétrolière. À l'inverse, être compétent dans un secteur ou métier en tension, comme 60% des métiers en 2024, garantit de trouver du travail, et le cadre du CDD ou de l'intérim, appelés contrats précaires par référence à une époque d'abondance de main-d'œuvre en train de disparaître, offre plus de souplesse qu'il n'emporte de risques. Alors, d'où peut venir la désaffection pour le travail salarié ?

La rémunération du travailleur salarié ne vient pas directement du client, elle transite par l'employeur. Le lien production/rémunération se distend, voire disparaît : nous sommes payés au prix du marché. C'est le temps de travail bien plus que la production qui est rémunéré. Considérons-nous que ce qui nous revient en tant que travailleur est insuffisant pour être motivant ?

Par ailleurs, la relation au client est intermédiée par l'employeur. Ce n'est pas nous en tant que travailleur salarié qui décidons comment répondre au besoin du client ou à son attente, c'est l'employeur qui décide, et nous, comme salarié, sommes dans une situation de subordination à son égard. Cette situation est empreinte de risques

EN ROUTE VERS LES PÉNURIES ?
IL Y A UNE ALTERNATIVE...

de dépendance, de pressions variées résultant notamment du contrôle de gestion, des procédures et de la conformité, ou du caractère et du mode de management de notre supérieur hiérarchique. Ces risques sont encadrés par d'importantes protections, qu'il s'agisse du Code du travail en premier lieu, qui est essentiellement le Code du travail salarié, de la protection apportée par les organisations syndicales et les salariés protégés qui peuvent prendre notre défense, ou de la médecine du travail.

Suivant notre fonction dans l'entreprise, nous pouvons être plus proches du client (par exemple dans des fonctions commerciales ou d'après-vente), ou très éloignés (par exemple dans les services centraux administratifs comme la RH ou les finances, ou des services d'appui à la production). Faut-il observer que, pour prendre certes un cas extrême, l'impossibilité d'assurer une protection suffisante face aux risques conduit à interdire le salariat pour certaines activités, comme le deuxième exemple au début de ce chapitre ? Dès lors, pouvons-nous de façon plus générale améliorer de manière suffisante le contexte relationnel pour rendre le travail plus attractif ?

On s'attachera dans les chapitres qui suivent à examiner ce qui peut améliorer l'attractivité du travail salarié, sur ces deux aspects, de rémunération et de relationnel.

CHAPITRE XV
Rendre le travail plus attractif, par la rémunération

Nous avons le sentiment que notre travail ne paye pas assez

Nous travaillons d'abord pour être payés, avec la meilleure rémunération possible pour le moins d'heures possible.

Salariés du secteur privé, notre salaire est fixé par le marché. C'est le prix auquel nous pouvons être remplacés. Outre le prix du marché, il est plafonné indirectement par la valeur de ce que nous produisons. Par exemple, salariés au SMIC dans une entreprise artisanale (17% des salariés sont payés au SMIC dans notre pays, proportion qui monte à 30% pour les entreprises ayant un seul salarié), nous touchons 11,88 euros bruts par heure et 9,40 euros nets. Et nous voyons notre patron facturer au client 60 euros HT et 72 euros TTC avec la TVA à 20% notre heure de travail, près de 8 fois notre rémunération nette dans ce dernier cas.

EN ROUTE VERS LES PÉNURIES ?
IL Y A UNE ALTERNATIVE...

Peut-être l'employeur pourrait-il nous augmenter, mais nous savons bien que ce n'est pas sans limites : il paye également des charges employeur sur notre salaire, la camionnette, les fournitures et le temps consacré aux approvisionnements, les assurances, le comptable, et la fraction de son temps consacrée à l'activité commerciale et à la gestion de l'entreprise, sans compter notre rémunération pendant d'éventuelles périodes de sous-activité, et les potentiels contentieux. Et à la fin, il supporte également des impôts. Tout bien pesé, le patron de TPE travaille généralement bien davantage que nous et ne roule pas sur l'or.

Salariés d'une plus grande entreprise, et surtout d'une très grande, notre perception est différente : les rémunérations des dirigeants sont très élevées comparées aux nôtres, et l'entreprise gagne souvent beaucoup d'argent, réinvesti ou distribué à ses actionnaires. Les entreprises du CAC 40 ont distribué en 2024 en rachats d'actions et en dividendes 98 milliards d'euros, ce qui représenterait 3 000 euros par ménage si on pouvait les redistribuer uniformément. Manifestement, l'argent semble exister.

RENDRE LE TRAVAIL PLUS ATTRACTIF, PAR LA RÉMUNÉRATION

Si notre employeur ne veut pas nous payer davantage, nous pouvons changer d'entreprise. C'est d'autant plus facile quand le marché du travail est favorable, ce qui n'a pas été le cas pendant les décennies de chômage élevé, mais le redevient à la faveur du passage à la retraite des générations nombreuses du baby-boom. Cela demeure néanmoins loin d'être facile pour la très vaste majorité d'entre nous, et ne règle pas le sujet dans la mesure où nous considérons que c'est la rémunération au prix du marché qui n'est pas suffisante.

Simultanément, la tentation est grande d'adapter notre contribution à notre rétribution, et de nous désengager, en obtenant des améliorations de nos conditions de travail, et en levant le pied. Certes, la production nationale globale en sera diminuée si nous sommes nombreux à le faire, mais pourquoi être le seul à ne pas le faire si les autres le font ?

Si notre niveau de vie est suffisant, il est également tentant de travailler moins. À quoi bon travailler beaucoup, si c'est bien davantage pour les impôts, les prélèvements obligatoires et la redistribution, les actionnaires et le patron que pour soi ?

EN ROUTE VERS LES PÉNURIES ?
IL Y A UNE ALTERNATIVE...

L'augmentation de notre niveau de vie individuel et collectif sur une longue période s'est accompagnée d'une réduction continue de notre durée de travail annuelle. De façon immédiate, n'est-il pas préférable de travailler 4 jours plutôt que 5, de prendre nos RTT, et un peu d'absentéisme si besoin (surtout s'il est largement indemnisé) plutôt que de travailler autant d'heures ?

Il reste que, de façon croissante, nous souffrons d'une insuffisance de notre niveau de vie. La conviction que le travail n'est pas assez payé et que le travailleur n'a pas son juste retour sur ce qui est produit est de plus en plus largement partagée. Ce n'est motivant ni pour le travailleur ni pour celui qui cherche un emploi. Comment alors gagner davantage ?

Comment être mieux payés sans travailler davantage ?

Partons du salaire net. Où trouver de quoi l'augmenter à chiffre d'affaires constant pour l'employeur ?

RENDRE LE TRAVAIL PLUS ATTRACTIF, PAR LA RÉMUNÉRATION

Le premier poste est celui des charges sociales. Avant allègements, elles coûtent à peu près autant que le salaire net. Mais des droits y sont associés : droits de retraite, couverture santé, etc. Surtout, elles ne suffisent pas à couvrir les dépenses auxquelles elles sont affectées. Les problèmes de déficit des retraites et de notre système de santé sont bien connus, et vont en s'accentuant avec l'augmentation de la population des 65 ans et plus, et son vieillissement. Les dépenses vont continuer d'augmenter plus vite qu'elles ne sont susceptibles de se réduire sur les prestations familiales avec la baisse de la natalité, et sur l'assurance chômage avec la baisse du chômage. Il n'y a malheureusement aucune bonne nouvelle à attendre du côté des cotisations sociales totales.

Viennent ensuite les impôts. Là encore, la situation de nos finances publiques est bien connue après la prise de conscience de 2024. L'évolution en cours ira inexorablement vers une remise en cause des allègements et une augmentation des prélèvements.

Du côté des fournitures achetées par l'entreprise, la transition énergétique et la démondialisation ne vont pas dans le bon sens.

EN ROUTE VERS LES PÉNURIES ?
IL Y A UNE ALTERNATIVE...

Reste l'argent de l'entreprise, de ceux qui y sont bien payés et de ses actionnaires. C'est un gisement apparemment important, mais avec des risques d'effets pervers, en termes de délocalisation et de diminution des investissements dans notre pays analysés au chapitre 8. Faut-il nous tirer une balle dans le pied en augmentant notre retard d'investissement sur nos grands concurrents ? Déjà les prélèvements sur nos entreprises sont dans notre pays plus importants que chez nos voisins.

En complément de cette approche financière, et d'un point de vue global, nous avons en tête que si notre rémunération est augmentée et pas celle des autres, nous pourrons consommer une plus grande proportion de la production nationale. C'est bienvenu à notre niveau, mais globalement, au détriment de qui est-il raisonnable d'espérer le faire pour le type de biens et de services que nous consommons ? Être mieux payés collectivement sans travailler davantage serait-il largement une illusion ?

Dans quelles conditions pourrions-nous travailler davantage pour être mieux payés ?

RENDRE LE TRAVAIL PLUS ATTRACTIF, PAR LA RÉMUNÉRATION

Pour ne pas déshabiller Pierre pour mieux habiller Paul, il y aurait bien, pour être mieux payés, une alternative à redistribuer à notre profit la part de notre production consacrée à d'autres emplois que notre rémunération : travailler et produire davantage.

Globalement, travailler davantage présente trois aspects positifs, variables selon les modalités de ce travail additionnel.

D'abord, et dans tous les cas de figure, c'est une production additionnelle de biens et de services très concrets à se partager, ce qui élève notre niveau de vie.

Ensuite, s'il s'agit d'un travail additionnel du travailleur sur sa durée de vie, par exemple une semaine de travail un peu plus longue, il bénéficie d'un complément de rémunération, et constitue des droits additionnels à la retraite.

Enfin, quand il s'agit d'un travailleur potentiel qui passe de l'inactivité à l'activité, qu'il soit jeune en attente d'entrée sur le marché du travail, chômeur,

EN ROUTE VERS LES PÉNURIES ?
IL Y A UNE ALTERNATIVE...

ou prenne plus tard sa retraite, il n'y a plus lieu de lui verser des transferts sociaux, ce qui rééquilibre nos régimes de protection sociale sans cotisations supplémentaires, voire dégage des excédents mobilisables comme on le constate actuellement avec notre assurance chômage.

Mais il est clair que, collectivement et comme on l'a déjà mentionné, nous ne voulons pas travailler davantage. On peut se demander pourquoi nous avons une telle réticence : les autres pays ne sont pas confrontés à cette difficulté avec une telle ampleur. Sur un grand nombre de points, nous ne sommes pourtant pas différents : santé, éducation, espérance de vie, etc. ne sont pas radicalement différents.

Le fait que les indépendants français travaillent même davantage que leurs homologues étrangers conduit à envisager une hypothèse : les prélèvements obligatoires dans notre pays sur le travail, plus élevés que chez nos voisins, auraient un effet plus dissuasif.

RENDRE LE TRAVAIL PLUS ATTRACTIF, PAR LA RÉMUNÉRATION

La perspective de travailler davantage au même niveau de prélèvements, voire pour davantage de prélèvements comme parfois évoqué, et même voté par le Sénat en 2024 avant d'être abandonnée avec une journée additionnelle de travail non rémunérée et intégralement consacrée à financer les dépenses croissantes liées aux personnes âgées dépendantes, est un vrai repoussoir.

De même, la perspective qu'un travail additionnel soumis aux mêmes prélèvements obligatoires que le travail actuel aide à réduire les déficits des régimes sociaux conforte dans l'idée que l'on continuerait de travailler davantage pour les autres que pour soi, et d'essayer de remplir le tonneau des Danaïdes, alors que l'on a déjà le sentiment de le faire trop.

Ma conviction est que, pour qu'un travail additionnel soit attractif, l'essentiel, voire la totalité de son produit devra être affecté au travailleur. Du côté de l'entreprise, l'augmentation de la durée individuelle de travail apporte à la très vaste majorité des employeurs, quand leurs équipes ne sont pas organisées en 3*8, un complément de production

EN ROUTE VERS LES PÉNURIES ?
IL Y A UNE ALTERNATIVE...

avec un très faible niveau d'investissement complémentaire. Elles y ont un intérêt.

De plus, les pénuries de main-d'œuvre conduiront nécessairement à l'ouverture de négociations entre partenaires sociaux sur la durée de travail, de préférence au niveau des branches car les situations sont fortement hétérogènes. L'État aura pour sa part intérêt à créer un cadre rendant ce travail additionnel plus attractif plutôt que de ne pas le voir se matérialiser.

Mais la rémunération du travail n'est pas le seul moyen d'améliorer son attractivité.

CHAPITRE XVI
Mobiliser les autres leviers d'attraction du travail

Pourquoi choisissons-nous un métier ?

Mon expérience est que nous choisissons généralement notre orientation puis notre métier en nous projetant, dans le champ de ce qui nous paraît possible, par rapport à l'idée que nous nous en faisons. La nature de l'activité, les conditions d'exercice, l'environnement de travail, etc. sont déterminants.

Au lycée, nous nous intéressons peu ou pas à la rémunération, nous avons simplement une idée intuitive que la vie que cela permet, à en juger par ceux qui l'exercent, nous convient. Sans doute existe-t-il des études sur ce sujet. Je me référerai plutôt à ce que j'ai observé pour l'illustrer.

Dans une fratrie, selon ses aptitudes, son caractère et ses aspirations, l'un voudra être enseignant, un autre postier, un autre chauffeur ou conducteur d'engins, un autre exercer une profession médicale ou paramédicale, un autre être ingénieur,

EN ROUTE VERS LES PÉNURIES ?
IL Y A UNE ALTERNATIVE...

commerçant, un autre militaire, un autre artiste, un autre fonctionnaire, un autre artisan ou paysagiste, ou bien reprendre (ou non) l'activité familiale, un autre créer son entreprise ou entrer dans un ordre religieux, etc. D'autres métiers non perceptibles ou identifiés à ce stade pourront émerger plus tard : comptable, auditeur, banquier ou assureur, etc.

En pratique, c'est la nature même de l'activité et de la relation aux autres qui me semblent déterminantes, et ce n'est que plus tard que nous mesurons vraiment les écarts de rémunération potentielle et de style de vie qui en résultent. Nous cherchons alors bien normalement à optimiser rémunération et temps passé. Ces deux derniers facteurs sont essentiels dans notre motivation, nous avons examiné comment les améliorer au chapitre précédent. Mais ils sont loin d'épuiser le sujet.

Les facteurs non monétaires d'attractivité de notre travail sont multiples

Quelle que soit la nature même de l'activité professionnelle que nous exerçons, qu'il s'agisse d'une vocation ancienne, d'une décision récente, ou

MOBILISER LES AUTRES LEVIERS D'ATTRACTION DU TRAVAIL

d'un effet du hasard, bien des facteurs de motivation s'ajoutent à la rémunération ou au temps de travail. Ces facteurs me semblent essentiellement liés au fait que le travail s'inscrit dans le cadre d'une relation, in fine à un client, et dans un environnement spécifique pour le travail salarié comme on l'a vu précédemment. Et j'ai toujours observé, comme subordonné puis comme dirigeant, que ces autres facteurs exerçaient une influence plus importante encore que la rémunération ou la durée du travail sur la motivation à travailler.

Au risque d'être banal, un premier ensemble de motivations m'a toujours paru lié au sens. À quoi sert ce que je fais, qui est le client auquel je contribue à apporter un service ? Ce sens est évident quand il s'agit d'enseigner ou de soigner par exemple. Ou de rendre service ou répondre à un besoin, individuel ou collectif, tout particulièrement dans l'économie sociale ou avec un employeur public. Ou de contribuer à une grande cause comme lutter contre le réchauffement climatique. Ce sens est plus diffus lorsque l'on s'éloigne du bénéficiaire, notamment dans les grandes entreprises, mais certaines excellent à maintenir le lien, notamment

EN ROUTE VERS LES PÉNURIES ?
IL Y A UNE ALTERNATIVE...

dans l'industrie en veillant à ce que le bénéficiaire du travail en cours soit identifié. C'est plus difficile encore quand les moteurs de l'entreprise deviennent essentiellement de rentabilité financière, « on ne tombe pas amoureux d'un taux de croissance » savons-nous depuis 1968...

Un deuxième ensemble de facteurs de motivation est lié à l'organisation du travail : les moyens matériels sont-ils adaptés, puis-je m'exprimer, suis-je écouté, associé aux décisions, voire à la définition de l'organisation, ai-je de l'autonomie, puis-je prendre des responsabilités, créer, voire innover, ou à l'inverse tout est-il parcellisé, procéduré et encadré par un strict ensemble de règles de conformité et de contrôle de gestion ? Est-il plus important de répondre au besoin du client, ou de respecter les règles ?

Tout aussi important, la possibilité dont je dispose de me former, de progresser, de grandir, de m'émanciper, ou plus simplement de m'épanouir.

Également importantes, comment sont les relations à l'intérieur de l'entreprise ? Et plus précisément,

MOBILISER LES AUTRES LEVIERS D'ATTRACTION DU TRAVAIL

comment suis-je managé ? J'ai notamment retenu de la grande enquête de la CFDT de 2017 « Parlons travail », citée par Laurent Berger dans son essai sur la France au travail « Du mépris à la colère[41] », que 68% des répondants disaient pouvoir compter sur leurs camarades, et 33% sur leurs chefs. C'est interpellant. À une époque où, notamment pour des raisons de pénuries de main-d'œuvre dans un nombre croissant de secteurs, augmentent les risques de surcharge, de surmenage, de stress, voire de burn-out, la nécessité d'un management humain et attentif me semble prendre une importance toujours plus grande.

Et sans doute le plus important : le respect, la reconnaissance, et j'y ajoute la fierté. Ce point est essentiel. Tout travail est utile, le fait que l'on soit payé pour le faire en est la manifestation la plus évidente. De ce simple fait, le travailleur mérite respect et reconnaissance, et doit pouvoir être fier de son activité, surtout si elle est ingrate ou peu valorisée, comme nous l'avons récemment redécouvert avec les travailleurs de la première ligne lors des confinements Covid du printemps 2020. La

---

[41] Laurent Berger. *Du mépris à la colère*. Seuil. Mai 2023.

EN ROUTE VERS LES PÉNURIES ?
IL Y A UNE ALTERNATIVE...

reconnaissance des compétences, de l'expérience et du travail effectué, salariale en premier lieu, mais pas uniquement salariale, et portant plus largement sur le désir de bien faire et l'engagement, l'attention aux autres et la coopération est fondamentale, de même que la fierté du travail fait et bien fait. De ce point de vue, je préfère une bienveillante exigence à la seule bienveillance souvent mise en avant.

N'avons-nous pas un vaste potentiel accessible pour améliorer l'attractivité du travail en progressant dans ces différents domaines ? Sans doute une longue période de chômage élevé a-t-elle conduit à ne pas porter une attention suffisante aux travailleurs.

Peut-être aussi une société plus riche et plus protectrice qu'avant a-t-elle rendu ceux-ci plus exigeants. Sans doute la croissance de la taille des entreprises a-t-elle éloigné les travailleurs des dirigeants et rendu plus nécessaires procédures et contrôle de gestion, contribuant à déshumaniser le travail. Sans doute la croissance de la taille des entreprises et l'augmentation des rémunérations des dirigeants ont-elles accru le sentiment d'injustice dans les écarts de rémunération. Sans

MOBILISER LES AUTRES LEVIERS D'ATTRACTION DU TRAVAIL

doute la rapidité et l'ampleur de l'enrichissement des investisseurs, tout particulièrement dans la Tech, ont-elles accru le sentiment que le partage de la valeur n'était pas équilibré.

Ces évolutions ne sont pour certaines pas réversibles, comme la taille croissante des grandes entreprises, d'autres pas réellement modifiables à l'échelle de notre pays dans un environnement ouvert à la concurrence internationale en matière de localisation des entreprises et d'attraction des meilleurs dirigeants, sauf à accepter de les voir partir. Il n'en reste pas moins que nous disposons de marges importantes pour améliorer l'attractivité du travail, mesurée par exemple par les taux d'activité. Pour quelles raisons ne pourrions-nous pas faire aussi bien que nos voisins ?

Ces leviers non monétaires seraient-ils même plus importants que les leviers monétaires ?

Au-delà de mon expérience et de la conviction que je me suis forgée, j'ai été conforté par les résultats de l'étude de la Dares « Relations professionnelles et négociation dans l'entreprise » cités par Claudia

EN ROUTE VERS LES PÉNURIES ?
IL Y A UNE ALTERNATIVE...

Senik dans son ouvrage « Bien-être au travail : ce qui compte ». L'étude citée est celle pré-Covid de 2017. À la question relative aux conditions de travail : « Et plus particulièrement, êtes-vous très satisfait, plutôt satisfait, pas vraiment satisfait ou pas du tout satisfait de... » :

- « votre rémunération » : 55% de satisfaits ou très satisfaits ;
- « vos possibilités de suivre une formation » : 60% ;
- « vos conditions de travail » : 73% ;
- « l'ambiance sur votre lieu de travail » : 73% ;
- « vos horaires de travail » : 82%.

Elle poursuit : « Une analyse simple de l'association entre la satisfaction générale au travail et ses composantes révèle l'importance primordiale des conditions de travail et du climat social, devant la rémunération, la formation et les horaires. Les deux premiers comptent deux fois plus dans la genèse de la satisfaction au travail que les trois derniers. » Elle signale qu'au global, 78% des enquêtés se déclarent satisfaits ou très satisfaits. Tout ne va pas si mal.

MOBILISER LES AUTRES LEVIERS D'ATTRACTION DU TRAVAIL

J'ai par ailleurs souvent constaté que des attentes insatisfaites en matière de conditions de travail ou de climat social se traduisaient par des revendications salariales, parfois dures, et que dans ces situations, ces revendications étaient plus souvent une forme de compensation qu'une revendication de fond, d'autant plus difficile à satisfaire au demeurant que les niveaux salariaux eux-mêmes étaient corrects et que les insatisfactions demeuraient.

Mobiliser ces leviers non monétaires n'est-il pas indispensable pour augmenter l'attractivité du travail, plus encore que de jouer sur la rémunération ou la contrainte ?

CHAPITRE XVII

Mobiliser les leviers d'action spécifiques au secteur public

L'emploi public occupe une part particulièrement importante dans notre économie

Dans notre pays, près d'un quart des salariés a un employeur public (environ 6,5 millions de travailleurs à comparer à une population salariée de 27 millions). Sur ce total, 3,7 millions sont fonctionnaires, 1,3 contractuels, 0,3 militaires, 0,4 relèvent d'autres catégories ou statuts, et 0,8 million sont salariés des entreprises publiques. Cette proportion élevée a plusieurs causes.

Le périmètre de l'action publique dans notre pays est particulièrement vaste. Notamment, il inclut l'éducation scolaire et universitaire, et la proportion du secteur santé qui est publique (essentiellement hospitalier) est également élevée.

Nous avons une culture d'intervention publique, notamment au niveau étatique, ancienne et importante, on se référera à l'action de Colbert pour

EN ROUTE VERS LES PÉNURIES ?
IL Y A UNE ALTERNATIVE...

l'illustrer, ou à l'étendue qu'a atteinte le secteur nationalisé, après la Seconde Guerre mondiale ou au début des années 80, même si un reflux très important est intervenu.

Les besoins en effectifs du secteur public sont davantage liés à la démographie et à la géographie qu'à l'économie, qu'il s'agisse par exemple de l'éducation, du maintien de l'ordre ou de la justice, de la défense ou des infrastructures. Dans un contexte où nous travaillons proportionnellement moins que nos voisins, ceci provoque une hypertrophie mécanique de la part de l'emploi public dans l'emploi total, avec un effet d'éviction au détriment de l'emploi dans le secteur privé lorsque la main-d'œuvre se raréfie.

Enfin, depuis des décennies et pour lutter contre le chômage, faire à quatre ce qui se faisait précédemment à trois était d'utilité publique. La préoccupation actuelle de réduire les effectifs publics, si elle a maintenant une certaine ancienneté, s'inscrit à rebours d'une culture bien enracinée de lutte contre le chômage.

MOBILISER LES LEVIERS D'ACTION SPÉCIFIQUES AU SECTEUR PUBLIC

Les trois premières causes sont toujours à l'œuvre. Et l'insatisfaction croissante devant la qualité du service rendu conduit à une demande accrue d'effectifs. Tous les plans de réduction des dernières années se sont heurtés à cette réalité, et ont été suivis de peu d'effets.

Mais augmenter les effectifs publics n'est plus supportable

Plusieurs raisons se conjuguent en ce sens.

D'abord, il y a la contrainte budgétaire, qui se durcit avec l'accélération de la dégradation de notre situation financière en 2024.

Ensuite, le retournement de la situation démographique et l'apparition de pénuries de main-d'œuvre dans de nombreux secteurs ont produit également des effets sur l'emploi public, on l'illustrera avec les difficultés à recruter des enseignants ou des infirmières, et le manque de candidats dans bien d'autres secteurs.

EN ROUTE VERS LES PÉNURIES ?
IL Y A UNE ALTERNATIVE...

Surtout, la capacité à augmenter l'attractivité de l'emploi public en augmentant les rémunérations se heurte, au-delà des contraintes budgétaires, à une contrainte économique plus large. Comment améliorer la situation relative du quart des salariés sans dégrader celle des trois autres quarts ? Si l'on peut penser à des solutions en recourant à la dette ou à la taxation des entreprises et des investisseurs, avec les limites vues précédemment, comment cela peut-il se traduire en matière de niveau de vie pour tout ce qui n'est pas importable autrement que par une redistribution du niveau de vie des salariés du privé vers ceux du public, alors même que l'enjeu central est d'améliorer l'attractivité du travail dans tous les secteurs ?

L'importance de notre secteur public, conjuguée à l'insuffisance globale de notre pouvoir d'achat, déclenche un cercle vicieux de paupérisation redoutable. Les salariés se mobilisent pour obtenir des augmentations, ainsi que des améliorations de leurs conditions de travail, là où leur pouvoir de négociation et de blocage est fort. Là où ils ne peuvent pas, ils négocient une réduction de la durée de travail à rémunération constante, et s'ils

MOBILISER LES LEVIERS D'ACTION SPÉCIFIQUES AU SECTEUR PUBLIC

ne peuvent l'obtenir, un allègement de la charge de travail. Il faut alors recruter davantage. Cela a fonctionné tant que l'on pouvait recruter, que c'était bienvenu, et que l'accroissement de l'endettement était possible.

Mais la mécanique est en train de se bloquer. Le service rendu par le secteur public se dégrade dans un nombre croissant de domaines, la pression sur ceux qui demeurent en place augmente. Il faut les protéger, et cela donne en dernier lieu le vote de la loi du 29 janvier 2025 relative à l'instauration d'un nombre minimum de soignants par patient hospitalisé. Les renforts en effectifs ne viendront pas, les pénuries font plus que s'annoncer, elles sont déjà là, elles augmentent, qu'on les appelle déserts médicaux, saturation des urgences, manque de remplaçants à l'école, etc. Le rationnement se met en place sous la forme d'orientation en amont des urgences, de délais pour obtenir un rendez-vous médical, ou un document administratif, etc.

Quels leviers actionner pour faire face aux besoins ?

EN ROUTE VERS LES PÉNURIES ?
IL Y A UNE ALTERNATIVE...

Le premier levier ne serait-il pas culturel ? Substituer l'efficience à l'efficacité. Nous avons l'habitude en matière d'action publique de rechercher l'efficacité et de nous inscrire dans une logique de moyens additionnels. À chaque problème une solution, avec une réglementation nouvelle, des moyens dédiés dont souvent un organisme ad hoc, et un budget additionnel. La logique politique y pousse : comme on l'a vu précédemment, nos élus ne démontrent-ils pas ainsi leur rôle protecteur en votant ces lois, en ouvrant ces crédits, et en créant ces structures ? La prolifération de ces structures en atteste. Et plus les budgets sont importants, plus la détermination apparaît grande. Pourrions-nous faire aussi bien avec moitié moins de moyens ? Ce n'est généralement pas le sujet. Le résultat atteint, fermons-nous la structure ad hoc ? Nous mesurons peu la réalité du résultat atteint ni la contribution de chacun, et opérons peu par redéploiements.

Certes, nous voyons tous que chacun joue plutôt le jeu, surtout ceux que nous connaissons, avec généralement de la bonne volonté, mais on est loin de l'optimisation et de la mise en tension rencontrées dans les entreprises et nécessitées par

MOBILISER LES LEVIERS D'ACTION SPÉCIFIQUES AU SECTEUR PUBLIC

l'existence d'un compte de résultat et de concurrents. Nous constatons aussi que les comportements de désengagement sont plus largement tolérés, avec des effets de contagion.

Les gisements d'amélioration de l'efficience sont d'autant plus importants dans certains secteurs que, comme indiqué précédemment, on a cherché pour lutter contre le chômage à faire à quatre ce que l'on faisait bien à trois.

Aller vers l'efficience repose sur quelques leviers simples : d'abord, mieux s'organiser. C'est sur le terrain qu'est la connaissance de la réalité des situations et des problèmes à traiter. Il est donc nécessaire de donner davantage la main au terrain. Cela permet de mieux faire face aux besoins, et n'a que des avantages tant en ce qui concerne le service rendu que la motivation des travailleurs. Nous en avons fait l'expérience à grande échelle lors de l'épidémie de Covid.

Ensuite, simplifier, alléger les contraintes. La débureaucratisation allège le travail des agents publics autant que celle des administrés. C'est plus

EN ROUTE VERS LES PÉNURIES ?
IL Y A UNE ALTERNATIVE...

difficile à obtenir car les réglementations ont toutes une bonne raison d'exister, et des auteurs qui y sont attachés. Mais l'organisation des Jeux olympiques et la restauration de Notre-Dame offrent deux exemples utiles de la possibilité et de l'efficacité d'alléger règles et processus, d'autant plus efficaces qu'elles s'inscrivent dans une dynamique de projet avec un objectif clair et motivant.

Les gains d'efficience dégagent des ressources, c'est précisément l'un des objectifs. Mais cette perspective génère une crainte de perdre ces ressources, d'où des réticences. Elle est plus facile à gérer si les personnes ne se sentent pas en risque. Compte tenu de l'ampleur des besoins non satisfaits, il y a matière à rassurer, en veillant à accompagner les redéploiements d'une formation d'accompagnement suffisante. En ne renouvelant pas une partie des départs, il devient également possible de dégager les ressources sans mettre les personnes en risque, permettant de revaloriser les emplois publics là où cela est nécessaire sans réduire encore le niveau de vie dans le secteur privé.

MOBILISER LES LEVIERS D'ACTION SPÉCIFIQUES AU SECTEUR PUBLIC

Mieux s'organiser, redéployer, former est la première jambe du progrès de l'efficience. La seconde est de ne pas chercher à tout faire, de faire des choix, de définir des priorités, de renoncer à ce qui n'est pas ou plus essentiel. C'est une révolution culturelle dans l'administration, qui ambitionne de faire tout, et bien. Mais les temps changent, nous n'en avons plus les moyens.

La chance du secteur public est d'être le secteur public : c'est là que travailler a le plus de sens. C'est ce fondement qu'il s'agit de remettre en valeur, voire de retrouver, à rebours de décennies pendant lesquelles le soutien de l'emploi était la préoccupation principale, au détriment même du cadre de travail et de l'entretien des locaux publics.

C'est une révolution managériale, qui passe par une impulsion forte du pouvoir politique au départ, car il s'agit de changer des habitudes, mais qui enclenche ensuite un cercle vertueux : l'ambiance et les relations de travail s'améliorent, le travail prend davantage de sens, le gisement pour développer sa fierté du parcours accompli est considérable, les carrières peuvent être revalorisées.

EN ROUTE VERS LES PÉNURIES ?
IL Y A UNE ALTERNATIVE...

Au-delà de l'impulsion politique, former au management et à la conduite du changement, orienter vers la mission et son résultat plutôt que l'obtention de moyens additionnels, rechercher et généraliser les bonnes pratiques, s'appuyer sur ce qui marche en se tenant loin des débats idéologiques sont des points de passage essentiels, bien connus et maîtrisés dans la vie des entreprises et dont il sera aisé de s'inspirer.

Peut-être pour caractériser cette orientation un langage neuf est-il nécessaire. Au lieu d'efficience tous azimuts, devra-t-on parler de la révolution de la « performativité » de l'action et de la dépense publique ?

CHAPITRE XVIII
Une évolution culturelle et langagière utile

Notre organisation et nos comportements sont largement le fruit de notre culture et de nos croyances. Celles-ci se traduisent par le cadre législatif et réglementaire que nous avons progressivement mis en place et par la façon dont nous agissons dans ce cadre. Comme nous l'avons vu précédemment, l'affirmation selon laquelle nos élus nous protègent a ses limites. Ils ne peuvent que nous organiser, pour répondre à nos attentes, afin de mieux réussir à nous protéger mutuellement. De même avons-nous pris l'habitude de parler du pouvoir d'achat pour désigner notre niveau de vie, alors qu'une part importante de notre consommation est gratuite. Mais il est plus facile aux pouvoirs publics, dès l'instant où ils peuvent avoir recours à la dette, de distribuer du pouvoir d'achat que de rendre disponibles les biens et services dont la consommation gratuite ou payante améliore notre niveau de vie.

Au-delà de ces exemples, évoquons à présent d'autres croyances ou spécificités culturelles,

EN ROUTE VERS LES PÉNURIES ?
IL Y A UNE ALTERNATIVE...

souvent installées ou renforcées par nos éléments de langage, qui n'existent pas dans d'autres pays et se répercutent sur notre attitude face au travail.

Le verre est-il à moitié vide ou à moitié plein ?

De façon générale, quand nous analysons une situation, nous avons l'esprit critique développé et le talent pour trouver l'objection ou le contre-exemple qui montrent notre indépendance d'esprit et l'acuité de notre capacité d'analyse. Face à un verre à moitié vide et à moitié plein, nous excellons à analyser le verre à moitié vide, et à trouver à qui revient la faute de ce qu'il ne soit pas davantage plein. J'ai vécu deux ans aux États-Unis et constaté qu'un Américain regarde plus souvent que nous le verre à moitié plein, et se demande ce qu'il peut faire pour contribuer à le remplir davantage. Je m'interroge sur la part de cette différence d'attitude dans la différence de niveau de vie entre nos deux pays : la production par tête y est, à parité de pouvoir d'achat, 42% supérieure à ce qu'elle est chez nous.

UNE ÉVOLUTION CULTURELLE ET LANGAGIÈRE UTILE

Analyser de façon critique n'est pas nécessairement dommageable, s'il s'agit d'analyser risques et faiblesses dans la perspective d'y apporter des solutions, qui permettent alors de contribuer à remplir le verre. Mais nous contenter de pointer et de critiquer la faute des autres, outre que cela les met dans une attitude défensive, ne contribue en rien à améliorer notre situation, et accentue notre perception négative de la situation.

Think positive, pense de façon positive, est de même un mantra de la culture américaine, là où nous disons plutôt au mieux : ne sois pas si négatif ! Peut-on rêver de faire évoluer cette situation dans un sens plus positif et constructif ?

Le « droit à » a-t-il des limites ?

Berceau des droits de l'homme, nous sommes très attachés à nos droits. La Déclaration des droits de l'homme et du citoyen[42] de 1789 en est la référence, qui a évolué avec le préambule de la Constitution de 1946, repris par celui de celle de 1958. S'y ajoute,

---

[42] Conseil constitutionnel. *Déclaration des droits de l'homme et du citoyen de 1789.* conseil-constitutionnel.fr

EN ROUTE VERS LES PÉNURIES ?
IL Y A UNE ALTERNATIVE...

bien qu'elle ne relève pas de notre ordre juridique constitutionnel, la Déclaration universelle des droits de l'homme de 1948. Avec d'autres, je distingue « les droits de », parfois qualifiés de droits libertés, qui ne sont limités que par ceux des autres, et les « droits à », aux champs d'application multiples comme la santé ou le logement, qui nécessitent l'existence d'un fournisseur ou d'une contrepartie pour se concrétiser.

Notre attachement aux « droit de » trouve son écho direct dans notre devise nationale avec la mise en avant de la liberté. La société d'abondance décrite précédemment a permis d'étendre progressivement le champ des « droits à », jusqu'à la notion de droit opposable, sans trop se préoccuper de la façon d'y répondre. L'État y pourvoirait. C'est ce qui s'est largement passé. C'est évidemment socialement très généreux, et de ce fait très souhaitable, mais cela devient problématique lorsque l'addition des droits, notamment sociaux, exige des moyens qui vont au-delà des moyens disponibles (par exemple pour les logements sociaux), ou des prélèvements acceptables par les actifs sur leur consommation. Or, comme nous l'avons vu précédemment, nous

UNE ÉVOLUTION CULTURELLE ET LANGAGIÈRE UTILE

sommes entrés, essentiellement avec le retournement démographique à ce stade, dans cette époque d'insuffisance de moyens, qui sera probablement accentuée par la transition énergétique.

Saurons-nous ajuster nos modes de pensée et notre vocabulaire à la réalité de notre situation et de son évolution, et prioriser davantage parmi « les droits à », plutôt que d'additionner ces droits, rendant progressivement leur réalisation hors d'atteinte ?

Les différences sont-elles des inégalités, et les inégalités des injustices ?

À côté de la liberté, nous avons également mis l'égalité dans notre devise nationale. Égalité des droits, cela va de soi ; égalité des chances aussi, même si c'est plus difficile à mettre en œuvre, un idéal plutôt qu'une situation objective. Bien souvent, il s'agit également dans notre esprit d'égalité matérielle, celle-ci constituant l'objectif ultime, à tout le moins la référence implicite de ce qui est souhaitable quand nous faisons des comparaisons. Dans cette perspective, la réduction des inégalités devient alors un objectif universel.

EN ROUTE VERS LES PÉNURIES ?
IL Y A UNE ALTERNATIVE...

Cette approche, qui nous est culturellement particulièrement spécifique (voir par exemple l'ouvrage de Michel de Rosen « L'Égalité, un fantasme français »[43]), induit des biais d'analyse, résultant notamment du choix de ce qui est mesuré. Prenons deux exemples.

Premier exemple, le cas du logement. Deux ménages de même caractéristiques et locataires de leur logement sont-ils égaux devant le droit au logement s'ils occupent des logements de même superficie, ou de même loyer ? Le loyer au mètre carré est en moyenne en France de 14 euros par mètre carré selon « Se Loger », et varie de 7,5 euros en province, voire moins dans l'habitat social, à 25,7 à Paris, voire bien davantage dans les beaux quartiers en 2023 selon l'Observatoire des loyers[44]. Qu'en pensent nos services statistiques nationaux ? Et qu'en pensent ceux d'entre nous dont les revenus sont au minimum national qu'est le SMIC, voire au seuil de pauvreté ?

---

[43] Michel de Rosen. *L'Égalité, un fantasme français.* Tallandier. Août 2020.

[44] Observatoire des loyers. *Carte des niveaux de loyers.* observatoires-des-loyers.org

UNE ÉVOLUTION CULTURELLE ET LANGAGIÈRE UTILE

Deuxième exemple, le sujet de l'âge de la retraite. À l'origine, on ne s'intéressait pour l'essentiel qu'à l'âge de la retraite, 65 ans pour le cas général, moins dans certains cas particuliers. La réforme de 1981 a uniformément abaissé à 60 ans l'âge général de la retraite. C'était le même âge pour tout le monde, une forme d'égalité, tempérée par une durée minimale de cotisation pour avoir le taux plein. Avec le relèvement progressif de cet âge est entrée en ligne de compte l'espérance de vie à la retraite, conséquence notamment de l'usure et de la pénibilité de la vie active, mais aussi d'éléments d'environnement physique et culturel : pour une même durée de cotisation, l'espérance de vie à la retraite dépend significativement de la profession exercée, que l'on soit par exemple enseignant, cadre ou ouvrier. Mieux prendre en compte cette différence est au cœur des négociations actuelles. Jusqu'où faut-il prendre en compte cette différence objective, et chercher à la réparer avec des âges de retraite différenciés ?

Il est tentant dans cette perspective de viser un rapprochement des ratios durée de retraite sur durée de cotisation, pour un système plus

EN ROUTE VERS LES PÉNURIES ?
IL Y A UNE ALTERNATIVE...

équitable. Mais une autre difficulté émerge alors : à profil de carrière égal, les femmes, si elles ont des rémunérations inférieures à celles des hommes de 4%[45], ont à 64 ans une espérance de vie de 24,28 années en 2024, à comparer à 20,50 pour les hommes, plus de 18% supérieure. Faut-il que, à carrière identique, les hommes travaillent moins longtemps que les femmes pour compenser cette inégalité, ou plutôt que les femmes travaillent plus longtemps pour ne pas dégrader davantage les comptes par cette mesure de plus grande équité hommes-femmes ?

À ces biais d'analyse par le choix des indicateurs s'ajoute le fait que l'égalité n'est bien souvent pas équitable : faut-il que deux personnes de même qualification et de même âge exerçant le même métier soient payées au même niveau quel que soit leur environnement, notamment d'exercice et de résidence ? À cet égard, ne devrions-nous pas nous interroger sur la grande uniformité qui résulte d'approches nationales, qu'il s'agisse par exemple des minima sociaux nationaux qui pourraient

---

[45] Insee. *Écart de salaire entre femmes et hommes en 2023.* 4 mars 2025. insee.fr

UNE ÉVOLUTION CULTURELLE ET LANGAGIÈRE UTILE

être différenciés par branches et par régions, ou des rémunérations dans la fonction publique qui pourraient également être davantage différenciés par zones géographiques ?

Bien souvent, l'égalité n'est pas la référence équitable. On verra même plus loin que, dans de nombreuses circonstances, un certain niveau d'inégalité, outre qu'il est porteur d'émulation positive, est plus équitable et plus responsabilisant que l'égalité. À l'inverse, l'attrait pour l'égalité est parfois teinté de jalousie, et la jalousie n'est jamais un bon moteur. Pouvons-nous espérer devenir moins intolérants face aux différences, et moins dépendants d'une aspiration souvent plus implicite et culturelle à l'égalité que ce qui résulte de la simple recherche de plus d'équité et de justice ?

Faire évoluer une culture est-il envisageable ?

Une telle évolution culturelle, pour utile qu'elle soit, est-elle réaliste ? Mon expérience est que nos habitudes de pensée et nos convictions sont solidement ancrées, surtout lorsqu'elles sont confortées dans notre vocabulaire et nos expressions

EN ROUTE VERS LES PÉNURIES ?
IL Y A UNE ALTERNATIVE...

courantes, et nos habitudes langagières. Elles sont aussi renforcées par la fréquentation et les échanges avec des personnes qui les partagent.

Mais cela va plus loin. J'ai plusieurs fois fait l'expérience qu'un groupe composé de personnes ayant des convictions différentes, ouvertes au dialogue, et participant au même voyage d'études, revenaient chacune avec leurs convictions respectives renforcées, alors même qu'elles avaient vu les mêmes choses et entendu les mêmes explications. Faire évoluer une conviction est d'autant moins simple que la conviction se fonde souvent, outre sur un enseignement reçu, appuyé parfois sur une tradition ancienne, sur une apparence bien réelle.

Reprenons la référence introductive à Galilée : à son époque, nos concitoyens croyaient que la Terre était au centre de l'Univers, et que le Soleil tournait autour, comme l'avait décrit Ptolémée, ce savant et astronome grec mort vers 170 de notre ère. N'est-ce pas ce que constataient les contemporains de Galilée, et ce que nous constatons nous-mêmes tous les jours ensoleillés quand le Soleil émerge le matin à l'est de l'horizon pour disparaître le soir à

UNE ÉVOLUTION CULTURELLE ET LANGAGIÈRE UTILE

l'ouest ? Il a fallu inscrire cette observation de bon sens et universellement partagée dans un contexte plus large pour constater « que quelque chose ne collait pas », et rechercher une nouvelle explication au phénomène observé. La trouver n'a pas été simple, la partager a pris un temps très long.

Faire évoluer une culture n'est-il pas encore plus difficile que faire évoluer une conviction ? La culture est profondément articulée avec la langue, la littérature et l'enseignement, et étayée par le collectif. Une conviction peut être ébranlée par un fait. Il n'est pas rare que le fait soit d'abord contesté, comme cela a été longtemps le cas du réchauffement climatique, même par de grands scientifiques. Maintenant que les faits, et surtout ceux qui nous sont directement perceptibles, attestent du réchauffement climatique, et plus encore de ses effets négatifs, notre croyance individuelle et collective évolue. Les accidents climatiques, comme les sécheresses ou les inondations hors normes et faisant de nombreuses victimes, ont un rôle décisif dans la prise de conscience, ce que je qualifie de « passage par la case accident ».

EN ROUTE VERS LES PÉNURIES ?
IL Y A UNE ALTERNATIVE...

Faire évoluer une culture, articulée sur le vocabulaire, est sans doute plus compliqué encore. Prenons un autre exemple : nous avons en France plutôt une culture d'ingénieurs que d'hommes d'affaires. Il faut que ça marche, il faut être efficace. Les Anglo-Saxons, dont la culture est différente, notamment par rapport aux affaires et à l'argent, parlent peu d'efficacité, et beaucoup d'efficience. Il ne s'agit pas seulement que cela marche, il importe que ce soit avec un minimum de moyens ou d'efforts. Cela leur donne-t-il un avantage sur nous ? Comment faire dans cette hypothèse évoluer notre culture ?

Quoi qu'il en soit, nous, pays occidentaux, avons été immensément riches. La France, première puissance mondiale au début du XVIIIe siècle, était encore à la deuxième place de 1963 où elle repasse devant la Grande-Bretagne à 1967 où elle est dépassée par le Japon. Nous sommes en 7e position depuis 2017. Notre prospérité passée nous a permis d'être généreux, et la France peut-être plus que d'autres, tant par une plus grande culture du partage et de l'égalité que grâce à un baby-boom à la fois parmi les plus longs et les plus importants.

UNE ÉVOLUTION CULTURELLE ET LANGAGIÈRE UTILE

À présent, la situation s'est inversée. Les baby-boomeurs basculent en masse à la retraite, alors que le système que nous avons mis en place dans nos règles et dans nos têtes nous incite à continuer de travailler moins que nos voisins et moins que ce qui est nécessaire pour faire face à nos besoins. Nous avons franchi la limite de ce à quoi l'endettement permet de suppléer, en pratique lorsque notre dette publique s'est éloignée du plafond de long terme de 60% du PIB.

Ne peut-on espérer que la prise de conscience de ce changement soit possible, et permette d'éviter le passage par la case accident ? Des pays comme le Canada, l'Allemagne, et plus récemment l'Italie, l'Espagne ou le Portugal ont su le faire, et ont engagé leur redressement à temps ; à l'inverse, pour d'autres comme l'Argentine à plusieurs reprises ou la Grèce, le passage par la case accident a été nécessaire pour déclencher le changement de trajectoire, mais dans des conditions beaucoup plus brutales et douloureuses.

L'évolution culturelle et langagière ne se fera pas rapidement, surtout en l'absence de l'accident, qui

EN ROUTE VERS LES PÉNURIES ?
IL Y A UNE ALTERNATIVE...

contraint aux prises de conscience. Deux évolutions permettraient déjà d'améliorer la trajectoire, et de rendre davantage acceptables les changements qui seront in fine nécessaires : mieux aligner les intérêts, et recentrer la gratuité. Les prochains chapitres y sont consacrés.

CHAPITRE XIX

Mieux aligner les intérêts

Comme on l'a vu précédemment à propos du secteur public, un des leviers pour se prémunir de pénuries de biens ou de services est de rendre le système qui les produit ou dans lequel elles s'inscrivent plus efficient. À cette fin, un des éléments clés, auquel est consacré le présent chapitre, est de mieux aligner les intérêts des personnes physiques et morales qui participent au fonctionnement de ce système. Prenons trois exemples.

Mieux aligner les intérêts dans notre système de retraite

Notre système de retraite ne produit rien en tant que tel, il redistribue : un système de retraite quel qu'il soit est toujours un système qui permet de répartir la production de biens et services de consommation entre les actifs qui les produisent et en consomment une partie, et les retraités qui en consomment une autre partie. En répartition, des cotisations sont prélevées sur les salariés et leurs employeurs pour être redistribuées aux

EN ROUTE VERS LES PÉNURIES ?
IL Y A UNE ALTERNATIVE...

retraités. Avec leur pension de retraite, les retraités se procurent une partie de la production faite par les actifs. À l'équilibre, cela fonctionne bien. Cela fonctionne d'autant mieux que la population des cotisants est croissante : ils sont plus nombreux à cotiser pour les retraités, ce qui leur permet d'y consacrer une moindre fraction de leur revenu que si la population était décroissante, et d'accepter de financer un niveau de retraite relativement élevé.

Quel est dans ce système notre intérêt ? Du point de vue de notre retraite, c'est d'améliorer nos droits. Dans un régime comme notre régime général, ou nos anciens régimes spéciaux, il s'agit d'obtenir du décideur (l'État, et en pratique nos élus) des règles plus favorables, qu'il s'agisse notamment de la durée de cotisation, de l'âge à partir duquel nous pouvons liquider nos droits, ou des conditions de revalorisation. Nous avons plusieurs moyens d'action : manifester, comme au printemps 2023, faire grève comme par exemple en 1995 face au « plan Juppé » qui prévoyait à l'époque l'allongement de la durée de cotisation de 37,5 à 40 annuités pour avoir des droits pleins, et aussi utiliser notre bulletin de vote, aux élections

MIEUX ALIGNER LES INTÉRÊTS

professionnelles ou nationales, nous savons à quel point nos élus y sont sensibles.

Dans un régime en répartition en points, notre intérêt direct est d'accumuler des points, que ce soit en travaillant davantage ou en travaillant plus longtemps.

Dans un régime en capitalisation, dans lequel nous épargnons et investissons en vue de notre retraite, c'est de travailler davantage ou plus longtemps pour la partie obligatoire du régime, et de cotiser davantage pour la partie facultative.

Aucun de ces régimes ne fait le lien avec la production future, quand nous serons à la retraite : l'alignement historique avec la natalité qui existait lorsque les anciens étaient pris en charge pour l'essentiel par leurs descendants a été déconnecté. Certes, la natalité ne dépend pas que de critères économiques, mais sur ce point, les intérêts sont clairement désalignés : le niveau de vie d'une personne dans un couple avec enfants est de 27 000 euros par personne en 2023, alors qu'il est de 33 000 euros par personne pour un

EN ROUTE VERS LES PÉNURIES ?
IL Y A UNE ALTERNATIVE...

couple sans enfants (+22%)[46]. C'est clairement un des facteurs de baisse de la natalité dans nos pays développés ayant un système de protection sociale important. Plus largement, notre sécurité dépend de moins en moins directement de nous et de nos enfants, et passe de plus en plus par la Sécurité sociale et l'État-providence. À quoi bon se fatiguer à consacrer nos 25 meilleures années à élever des enfants, alors que ceux des autres pourvoiront à nos besoins, pouvons-nous parfois penser ?

En économie fermée, où il n'y a pas d'échanges avec l'extérieur, la comparaison pourrait s'arrêter là. En économie ouverte, les systèmes en capitalisation permettent d'investir dans les pays à forte natalité et en développement, contribuant au demeurant à leur croissance, et de bénéficier dans le futur du travail de leurs enfants pour suppléer la baisse de la natalité chez nous, à l'image des investissements des fonds souverains des États pétroliers qui généreront des revenus quand la manne pétrolière s'épuisera. Avec les systèmes en répartition, nous pouvons, pour compenser une faible natalité, espérer attirer

---

[46] Insee. *Les revenus et le patrimoine des ménages.* 17 octobre 2024. insee.fr

MIEUX ALIGNER LES INTÉRÊTS

de la main-d'œuvre de ces pays (immigration de travail). Il convient alors d'intégrer ce flux migratoire voulu, et sans doute de le piloter plus explicitement que nous ne le faisons actuellement. Il convient également de prendre en compte le fait que, à mesure que ces travailleurs migrants prendront leur retraite, il faudra un nouveau flux migratoire pour subvenir à leurs besoins. Le lecteur intéressé pourra se reporter à l'étude publiée sur ce sujet dans le Crapslog[47]. L'immigration peut compenser le déclin démographique, mais pas durablement l'insuffisance de travail.

Peut-on mieux aligner les intérêts ? Certes, en commençant par une prise de conscience. Trois pistes au moins peuvent ensuite être proposées.

La première est de mieux compenser que ne le font les dispositifs existants les différentiels de parentalité, qui représentent 18% de l'écart de salaire entre les hommes et les femmes en activité en 2023 sur un écart total de 22%[48], et bien davantage pour les

---

[47] CRAPS. Didier Bazzocchi et Régis de Laroullière. *Immigration : trois éclairages sur les enjeux économiques et démographiques.* thinktankcraps.fr

[48] Insee. *Écart de salaire entre femmes et hommes en 2023.* 04 mars 2025. insee.fr

rémunérations des retraités. C'est nécessaire dans tous les scénarios.

La deuxième est de préférer les régimes par répartition en points parmi les régimes en répartition lorsque c'est possible. Modifier l'architecture des régimes est néanmoins extrêmement difficile, nous en avons fait l'expérience. Convient-il pourtant de reprendre, plus progressivement et de façon plus ciblée dans un premier temps, le projet de réforme de 2017 ?

La troisième est d'introduire davantage de capitalisation dans notre système. À cet égard, la proposition de la CPME est intéressante. Pour ne pas réduire les cotisations revenant aux dispositifs existants, et dans un contexte marqué par des pénuries de travail significatives, il s'agirait de travailler un jour de plus. Le coût du travail reviendrait intégralement au travailleur sous la forme d'une rémunération directe majorée pour ces heures supplémentaires et une cotisation de retraite en capitalisation à hauteur du solde du coût complet du travail.

MIEUX ALIGNER LES INTÉRÊTS

Les retraites représentent 14% de notre PIB, c'est très substantiel, et leur nécessaire rééquilibrage nous conduit de crise en crise. Mieux aligner progressivement les intérêts, en tenant davantage compte de la nouvelle donne démographique, n'est-il pas un champ d'action prioritaire ?

Mieux aligner les intérêts des salariés et ceux de leurs employeurs

Deuxième domaine pour un meilleur alignement des intérêts, la relation des salariés et de leur employeur. Il s'agit autant de la rémunération que des autres éléments de la relation de travail.

Pour ce qui est de la rémunération, à la base, le salarié est payé au prix du marché, le prix auquel on peut le remplacer. En matière d'alignement des intérêts, il s'agit de réduire l'opposition entre ceux des salariés et ceux des investisseurs : toutes choses égales par ailleurs et au premier abord, moins les salariés sont payés, plus l'entreprise est profitable pour ses actionnaires. Mais en pratique, la motivation des salariés, leur engagement, leur montée en compétence ou leur contribution à

EN ROUTE VERS LES PÉNURIES ?
IL Y A UNE ALTERNATIVE...

l'amélioration du service rendu et à la satisfaction des clients sont décisifs, et dépendent notamment du ressenti qu'ils ont d'obtenir une juste rémunération. Les mécanismes de primes, de participation et d'intéressement jouent un rôle clé pour mieux aligner les intérêts. Les négociations récentes et à venir sur le partage de la valeur ont d'autant plus d'importance que les pénuries de main-d'œuvre vont continuer de se développer.

Mais, comme on l'a vu précédemment, la rémunération n'est pas le tout de la motivation. Le salarié n'est pas une matière première quelconque, qui serait interchangeable et inerte. D'une part, les compétences, les capacités d'apprentissage, les attitudes et les motivations varient d'une personne à une autre. Rapprocher au mieux le profil du salarié de celui du poste à pourvoir, y compris dans la dimension culture d'entreprise, est un enjeu majeur d'efficience, dans l'intérêt du salarié comme de l'employeur. Travailler dans l'administration, dans l'économie sociale, pour une entreprise familiale ou dans un grand groupe international n'est pas la même chose.

MIEUX ALIGNER LES INTÉRÊTS

Et quel que soit l'employeur, le secteur d'activité tout autant que la culture managériale, le respect et la considération apportés aux collaborateurs jouent un rôle décisif pour attirer et motiver les salariés, quelles que soient les tâches ou responsabilités qui leur sont confiées. Dans un environnement durablement de plus en plus concurrentiel en matière de force de travail, l'aiguillon de la concurrence poussera à cette évolution. Mais notre intérêt collectif est d'accélérer ce mouvement. L'amélioration des cultures et des pratiques managériales, que l'employeur soit privé ou public, est un enjeu clé dans notre pays.

Mieux aligner les intérêts des salariés et ceux du système qui les protège

Pour ce qui est de l'alignement des intérêts des salariés et de ceux du système public dans lequel ils s'inscrivent, qu'il s'agisse de protection sociale ou de dépense publique, nous sommes dans une situation contradictoire. Le système est conçu pour être protecteur et redistributif. D'un côté, chacun a accès aux services gratuits mis à disposition par les collectivités publiques quel que soit son niveau de contribution. De l'autre, dans une logique de justice sociale bien établie, les contributions, notamment fiscales, sont progressives avec les revenus et le patrimoine. Par exemple, le barème de l'impôt sur le revenu est progressif, et 60% de nos concitoyens en sont exonérés. En matière d'impôts locaux, les habitants de la commune qui ne sont pas propriétaires de leur logement (environ 40% en moyenne) ne payent plus la taxe d'habitation depuis sa suppression et bénéficient quasi gratuitement des services locaux.

Dès lors, travailler davantage dès que l'on peut couvrir ses besoins essentiels est peu attractif. Par exemple, d'après le simulateur de l'URSSAF[49], pour un salaire brut de 3 000 euros par mois, la rémunération nette est de 2 353 euros avant impôts et 2 223 après impôts en l'absence d'autres revenus, pour un coût total de 4 076 euros pour l'employeur. Le salarié touche 55% de son coût salarial total. Si le salaire est augmenté de 100 euros pour 4 heures supplémentaires, le salaire net après impôt augmente de 74 euros et le coût total pour l'employeur de 135 euros. Certes, les droits à retraite sont accrus,

---

[49] Urssaf. *Simulateur de revenus pour salarié*. Mai 2025. mon-entreprise.urssaf.fr

mais pour le reste, il n'y a aucune contrepartie aux 61 euros de prélèvements. Cela en vaut-il la peine ?

Et si l'on passe à 5 000 euros de salaire mensuel, les chiffres deviennent 7 090 pour le coût total et 3 375 pour le net (soit 47% du coût salarial total pour le salarié). De même, moins de la moitié du coût total d'une rémunération additionnelle revient au salarié. Cela en vaut-il la peine ? Ne vaut-il pas mieux privilégier davantage de loisirs, jours de RTT, voire absences ponctuelles ?

Qui plus est, et le phénomène est à présent en débat, l'écart du coût total au net perçu est beaucoup plus faible au niveau du SMIC : pour une rémunération mensuelle brute arrondie de 1 800 euros, la rémunération nette après (comme avant) impôt est de 1 400 euros, pour un coût employeur de 1 880 euros grâce aux allègements de charges. Une augmentation de la rémunération de 100 euros en rapporte 80 au salarié et en coûte 189 à l'employeur dans ce schéma. Les allègements dont bénéficie l'employeur pour un salarié au niveau du SMIC diminuent dès que le salaire augmente, ce qui nécessite des gains de productivité significatifs

EN ROUTE VERS LES PÉNURIES ?
IL Y A UNE ALTERNATIVE...

de la part du collaborateur, faute de quoi il restera « collé » au minimum, gains de productivité qui n'existent pas dans l'artisanat ou de nombreux métiers de services de notre économie tertiarisée.

Pourrait-on se fixer comme règle que, à terme et dans un système équilibré, plus de la moitié du coût total du travail revienne au salarié pour l'essentiel de la population, par exemple jusqu'à deux fois le revenu médian ? Une première étape a au demeurant déjà été mise en place, sous la forme des exonérations de revenus et de charges portant sur la rémunération des heures supplémentaires, une sorte de black officiel. L'inconvénient est de ne pas contribuer directement au financement de la dépense publique grâce à ce travail additionnel, mais l'avantage est d'encourager le travail et la production additionnels.

En être arrivé à ce stade est paradoxal, à rebours de l'idée selon laquelle les prélèvements doivent dans un souci de justice sociale croître plus que proportionnellement avec les revenus. Mais c'est aussi reconnaître qu'en pratique, cette règle sociale pour fonctionner doit rester dans les limites du consentement à l'impôt et aux prélèvements obligatoires. Limite que nous semblons bien avoir atteinte et même dépassée à en juger tant par les déficits que par notre attitude face au travail additionnel.

À côté de cet enjeu des prélèvements obligatoires figure celui des déroulements de carrière. Avec le ralentissement de la croissance économique et le ralentissement de la progression du PIB par tête, les déroulements de carrière se sont aplatis, accentuant la perception selon laquelle le travail ne paye pas.

En se concentrant sur le cas des salariés, le salaire médian est de 2 600 euros par mois, ce qui met le seuil de pauvreté salariale à 1 560 euros (60% du revenu médian). Le SMIC, à 1 800 euros par mois, est à 69% du salaire médian. Cela laisse très peu de place pour différencier les rémunérations selon les compétences et les anciennetés (déroulements de carrière) entre le salaire minimum et le salaire médian, qui concentre la moitié des salariés. Au-dessus, entre le salaire médian et le seuil de richesse salariale, qui est conventionnellement de deux fois le salaire médian (soit 5 200 euros), la marge

EN ROUTE VERS LES PÉNURIES ?
IL Y A UNE ALTERNATIVE...

de progression est un peu plus large, mais pas tellement. Et l'éventail de rémunération entre le SMIC et ce seuil, qui n'est dépassé que par 7% de la population, n'est en tout que de 1 à moins de 3.

La situation dans laquelle nous sommes, qu'il s'agisse notamment de démographie, ou de lutte contre le réchauffement climatique avec ses impacts économiques, oblige à se poser une question dérangeante : avons-nous encore les moyens de la politique sociale généreuse que nous avons mise en place au cours des dernières décennies ? Tant ses effets sur les équilibres financiers (retraite, santé, etc.) que sur les motivations des acteurs économiques (attitude par rapport au travail pour ce qui concerne cet essai), ne sont plus compatibles avec nos attentes en matière de niveau de vie, de qualité de la vie, de déroulement de carrière et de protection sociale. À côté de la question du niveau des prélèvements obligatoires émerge la question très délicate des minima sociaux. À l'évidence, ils sont très faibles, surtout si on les compare aux très riches. Mais par rapport à plus de 90% de la population, ils sont relativement significatifs. Ils sont même parmi les plus élevés en Europe si on

MIEUX ALIGNER LES INTÉRÊTS

les compare aux revenus médians[50], la médiane européenne étant de 55%. Cette médiane est inférieure au seuil conventionnel de pauvreté à 60% retenu par Eurostat et par la France à présent, qui correspond à environ 15% de la population en dessous du seuil, mais supérieure au seuil de 50% qui était applicable en France jusqu'en 2008.

Un meilleur alignement des intérêts entre ceux de chacun de nous en tant que contributeur et en tant que bénéficiaire du système de protection publique et sociale ne mériterait-il pas d'être mis à l'étude ?

La première étape serait de revenir à plus de clarté entre ce qui relève de l'assurance, qui redistribue entre les individus en fonction des risques auxquels chacun est exposé sans redistribuer entre catégories, et ce qui relève de la solidarité qui vise à réduire les écarts de niveaux de vie au bénéfice des plus défavorisés.

Pour ce qui concerne la solidarité, et au vu de notre situation, une question émerge : notre

---

[50] Eurostat. *Now available: first 2025 data for minimum wages*. 10 avril 2025. ec.europa.eu

EN ROUTE VERS LES PÉNURIES ?
IL Y A UNE ALTERNATIVE...

système, dans lequel une majorité de la population bénéficie davantage de la redistribution qu'elle n'y contribue, ne conduit-il pas inexorablement par le jeu démocratique à une accentuation de cette redistribution ? Dès l'instant où cette redistribution ne trouve plus son financement par des prélèvements, mais doit le compléter par l'endettement, la croissance de cet endettement peut-elle être maîtrisée ? L'expérience des dernières décennies incite à penser que non. Faudrait-il alors aller jusqu'à considérer que l'alignement des intérêts conduit à recommander que la fraction de la population qui bénéficie de la redistribution ne dépasse pas un seuil inférieur à la moitié, peut-être avec un objectif de 40%, avec une contribution modeste de la part de ceux qui se situent entre ce nouveau seuil et le seuil actuel ? Si ce n'est manifestement pas possible à niveau de vie moyen constant, car cela entraînerait une baisse du niveau de vie des personnes concernées, cela pourrait-il se faire grâce au chemin de croissance proposé dans le présent essai, en déplaçant très légèrement les seuils à mesure de la croissance de façon qu'il n'y ait pas de perdants ?

CHAPITRE XX
Recentrer la gratuité apparente

Par volonté d'égalité, nous sommes attachés à la gratuité. Notre différence avec les autres pays est particulièrement nette en matière d'éducation ou de santé.

Il y a certes une vraie gratuité. Par exemple, si nous utilisons l'eau d'une source avec un captage, l'eau ne coûte rien. On peut laisser couler l'eau en permanence, chacun peut en disposer librement comme dans les fontaines publiques, on peut aussi ne pas colmater les fuites dans les réseaux extérieurs. De même la lumière du soleil ou l'air que nous respirons sont gratuits, chacun y a accès sans être limité dans sa consommation.

Mais pour ce qui est des biens et services considérés dans le champ du présent essai, la gratuité n'est qu'apparente. Elle signifie simplement que nous ne payons pas au moment de la consommation, alors qu'il a fallu payer pour produire, et que nous payons, par nos impôts et nos cotisations sociales cette production, comme l'éducation ou les

EN ROUTE VERS LES PÉNURIES ?
IL Y A UNE ALTERNATIVE...

prestations de santé mentionnées plus haut. Même pour l'eau de la fontaine, il a fallu mettre en place l'installation.

La gratuité apparente influe sur nos comportements de consommation. Par exemple, si nous ne payons pas l'électricité, allons-nous laisser la lumière allumée en sortant de la pièce, c'est plus commode de trouver la lumière allumée quand nous reviendrons. Peut-être même allons-nous laisser la lumière allumée en quittant le bureau le soir. De même, nous allons nous chauffer davantage, voire laisser le radiateur en marche quand nous ouvrons la fenêtre pour aérer la pièce.

Plus largement, nous sommes moins attentifs à ce que nous n'avons pas besoin de payer. « Easy come, easy gone », disent les Américains : ce qui nous vient facilement s'en va tout aussi facilement. En français, nous avons l'expression « ce qui n'a pas de prix n'a pas de valeur ». Et de fait, irrémédiablement, la gratuité conduit au gaspillage.

En situation d'abondance, c'est très confortable. Mais lorsque viennent les pénuries, la situation change. La tolérance aux consommations peu utiles, et plus encore au gaspillage, sans parler de la fraude que l'on ne mentionnera que pour mémoire, se réduit, comme nous le constatons actuellement dans de nombreux domaines. Deux évolutions sont alors possibles.

D'une part le rationnement. Le bien ou le service demeure gratuit, mais une autorité décide qui en aura et quelle quantité. C'est le cas, par exemple de l'éclairage public. Les réverbères qui étaient allumés toute la nuit sont dorénavant éteints lorsque tout le monde ou presque dort, selon des horaires variables selon les quartiers.

D'autre part, le champ de la gratuité se concentre, et certains usages deviennent payants. Les usagers du secteur autoroutier le savent depuis longtemps. C'est alors l'utilisateur qui arbitre ses consommations en fonction de son budget et de ses priorités. Plus largement, le prix augmente avec la rareté, il donne un signal au consommateur pour orienter sa consommation et la réduire pour les biens et services qui deviennent plus rares. Ce mécanisme peut même devenir un instrument de

EN ROUTE VERS LES PÉNURIES ?
IL Y A UNE ALTERNATIVE...

pilotage de la consommation : par exemple, les taxes sur les produits pétroliers ont été augmentées après le premier choc pétrolier pour en réduire la consommation et l'importation.

Prenons deux exemples de recentrage possible en matière de gratuité apparente, avant d'étendre l'intérêt de cette approche.

Recentrer la gratuité en matière de santé ?

Nous étions convaincus d'avoir le meilleur système de santé du monde. Nous étions N°1 au classement de l'OMS en 2000. Mais ce n'est plus le cas. L'extension des déserts médicaux comme l'engorgement des services d'urgence dans les hôpitaux ou les délais nécessaires pour obtenir un rendez-vous de spécialiste attestent de pénuries croissantes. Quel lien avec la gratuité ?

En matière de santé, nous avons coutume de dire que, « pour éviter le renoncement aux soins, il faut que les soins soient gratuits ». Ainsi formulé, c'est peu contestable. C'est à la fois un objectif social, et un objectif de santé publique.

RECENTRER LA GRATUITÉ APPARENTE

Mais que penser de l'affirmation suivante : « Pour éviter le renoncement aux soins de la moitié des Français les plus riches, il faut que les soins soient gratuits pour la moitié des Français les plus riches » ? Avec cette formulation, nous avons un doute, voire une réticence. Pourtant cette deuxième affirmation est incluse dans la première.

Ce questionnement et le lien qui en découle avec l'efficience du système de santé n'est pas propre à notre pays. Selon l'OCDE, les dépenses de santé inutiles varient de 20% à 50% de la dépense totale selon les pays membres. Combien pour notre pays ? La question est hautement sensible, et rapidement polémique. Si la Cour des comptes a fait des travaux, je n'ai pas trouvé d'étude de synthèse d'origine française faisant consensus.

Pour illustrer l'enjeu, on peut d'une part indiquer que nous sommes le pays dans lequel la gratuité apparente est la plus élevée au sein de l'OCDE, avec un paiement direct le plus faible. Ce n'est pas un facteur d'optimisation. Cette proportion est également variable selon les secteurs, et ne prend pas en compte la part des dépenses administratives.

EN ROUTE VERS LES PÉNURIES ?
IL Y A UNE ALTERNATIVE...

Quel est le gisement d'amélioration correspondant ? Avec un taux de 33%, cela signifie que sur 100 de dépenses, 33 sont inutiles et 66% utiles. À dépense constante, l'offre de soins utiles pourrait augmenter de 50%. C'est un objectif théorique, sans doute faut-il se donner un objectif plus réaliste et modeste, par exemple redéployer le quart des dépenses inutiles en 10 ans.

D'autre part, nous sommes dans le peloton de tête des pays qui dépensent le plus pour leur santé en proportion de leur PIB (hors États-Unis) sans que nous nous détachions pareillement dans les palmarès de santé, comme l'espérance de vie en bonne santé.

Comme indiqué précédemment en matière de gratuité et de gaspillage, deux leviers de réduction des dépenses inutiles sont possibles.

Le rationnement, piloté par une strate administrative renforcée ou additionnelle, c'est ce qui se passe en pratique avec les prérogatives dévolues aux Agences régionales de santé et à la Caisse nationale d'assurance maladie.

RECENTRER LA GRATUITÉ APPARENTE

Ou de façon alternative, la responsabilisation des acteurs en revenant sur l'étendue du champ de la gratuité. Cette deuxième approche a ma préférence, avec deux dimensions.

Premièrement, recentrer le champ de la gratuité : d'une part aux dépenses de prévention pour lesquelles nous avons souvent peu d'attirance comme les vaccins, et d'autre part aux dépenses de soins qui relèvent de la santé publique, notamment quand il y a des enjeux de contagiosité. Et en éliminer ce qui relève du confort ou du bien-être.

Deuxièmement, recentrer le champ des bénéficiaires de la gratuité à ceux qui renonceraient aux soins, évidemment les personnes se trouvant en dessous du seuil de pauvreté (environ 15% de la population avant transferts et 8 à 9% après[51]), et plus largement les 40% de la population ayant les plus bas revenus.

Recentrer la gratuité en matière d'éducation ?

---

[51] Insee. Rapport de 2023 sur les niveaux de vie des ménages. / Drees. Rapport de 2023 sur les inégalités de revenu et les effets des transferts sociaux.

EN ROUTE VERS LES PÉNURIES ?
IL Y A UNE ALTERNATIVE...

Nous avons également une tradition ancienne de gratuité de l'éducation. Son périmètre s'est progressivement étendu : Jules Ferry a rendu l'école gratuite en 1881, et la loi a rendu l'instruction obligatoire de 6 à 13 ans en 1882. À présent, 80% de chaque génération poursuit ses études jusqu'au bac, pour un âge moyen de plus de 18 ans, et plus de 60% poursuit dans l'enseignement supérieur.

Les dépenses d'éducation ont atteint 190 milliards d'euros en 2023 et leur part dans le PIB est de 6,7% en 2023[52], relativement stable sur une longue période (6,6% en 1980). Son financement est supporté à hauteur de 82% par les acteurs publics, dont 55% par l'État, 23% par les collectivités territoriales, 4% par les autres administrations publiques, et 10% par les entreprises (qui assument le financement de l'apprentissage depuis 2018), ainsi que 8% par les ménages. La dépense moyenne pour un élève est de 8 500 euros dans le premier degré, qui pèse 29% du coût total, de 11 200 dans le second degré qui pèse 34,7% du coût total, et de 13 100 pour un étudiant avec un enseignement

---

[52] Ministère de l'Éducation nationale, de l'Enseignement supérieur et de la Recherche. *Le financement de l'éducation en 2023.* education.gouv.fr

RECENTRER LA GRATUITÉ APPARENTE

supérieur qui coûte 22,7% du total, le solde (10,9%) relevant de l'extrascolaire.

D'après l'OCDE[53], et en se limitant à la dépense d'éducation au titre des établissements d'enseignement, nous leur consacrons 5,4% de notre PIB, à comparer à 4,9% pour la moyenne de l'OCDE et 4,4% pour l'UE, l'Allemagne (4,6%), l'Espagne (4,9%) et l'Italie (4%) étant inférieures ou voisines de la moyenne. Sans entrer dans le débat sur la prise en compte des retraites des enseignants, notre système ne semble pas plus performant pour autant.

Si la gratuité est dans notre culture un élément clé de l'égalité des chances dans le premier degré, elle présente des inconvénients croissants à mesure que prennent de l'importance les éléments de choix d'orientation et d'implication dans les études, pour les raisons comportementales décrites en début de chapitre. Une amélioration sensible de l'efficience du système mériterait d'être recherchée avec une participation plus importante des familles

---

[53] OCDE. *Regards sur l'éducation 2024. Les indicateurs de l'OCDE.* 20 décembre 2024. oecd.org

EN ROUTE VERS LES PÉNURIES ?
IL Y A UNE ALTERNATIVE...

aux dépenses d'éducation, à hauteur de 20% au moins du coût, tout en maintenant la gratuité pour les 40% les plus démunis grâce à des bourses. L'alignement des intérêts entre élèves, enseignants et parents y gagnerait, de même que le respect des enseignants : comme rappelé plus haut, ce qui n'a pas de prix a-t-il de la valeur ?

Pour l'enseignement supérieur, le secteur public serait même fondé à concentrer ses financements sur les formations utiles à notre économie et à notre pays, à laisser à la charge des étudiants les formations qui les intéressent mais n'ont pas de débouché dans notre économie, et à rendre intégralement payantes les études supérieures pour les étrangers, en mettant en place un généreux programme de bourses pour les étudiants impécunieux que nous souhaitons attirer.

Recentrer la gratuité est également un levier budgétaire opportun

Jusqu'ici, recentrer la gratuité apparente a été abordé sous l'angle d'améliorer l'efficience, de mieux aligner les intérêts, et de lutter contre les gaspillages et les pénuries. Dans un contexte de pénurie budgétaire, c'est également une alternative opportune pour améliorer les finances publiques. En reprenant l'exemple de l'éducation, ce recentrage en effet préférable à une réduction de dépense sèche, s'accompagnant de la suppression du service apporté, comme ce serait le cas par exemple avec des fermetures de classes et une augmentation du nombre d'élèves par classe. Le service continue d'être rendu. C'est également préférable à une hausse d'impôts, même si l'effet purement financier est le même, car le service obtenu en contrepartie du paiement est directement appréhendable et rend l'opération plus acceptable.

Faut-il également réduire le périmètre des subventions ?

Comme nous l'avons vu précédemment, la gratuité se veut incitative, mais va souvent à l'encontre de l'efficience nécessaire en situation de pénurie, ou simplement de ressources rares. Les subventions ont parfois le même effet. N'est-il pas dommage d'y renoncer alors qu'elles sont accessibles, même si le projet auquel elles s'appliquent n'est pas

EN ROUTE VERS LES PÉNURIES ?
IL Y A UNE ALTERNATIVE...

indispensable ? Le mécanisme de subventions communales en est parfois caricatural. Qui n'a entendu un maire dire un jour à des administrés se plaignant du niveau des impôts et critiquant un nouveau projet : « avec tout ce que j'ai obtenu comme subventions, ce projet ne coûte vraiment pas cher, c'est une affaire, il ne faut surtout pas s'en priver » oubliant que son contribuable paie également des impôts auprès de chacun des cofinanceurs ?

Dans notre pays, la puissance publique intervient dans de nombreux domaines de façon réglementaire, et avec des accompagnements de subventions qui rendent la tutelle plus acceptable. L'impôt lui-même devient moins insupportable, car chacun peut espérer un retour partiel. Mais tant la réglementation que la gestion des subventions ont un coût, de lourdeur et financier. Le système d'ensemble n'est pas efficient. Recentrer le champ d'intervention réglementaire et en subventions de l'État est de même nature que recentrer la gratuité apparente. La prise de conscience est en train de se faire. La débureaucratisation en fait partie, fort opportunément, mais déborde largement le champ du présent essai.

CHAPITRE XXI
Tout commence à l'école

J'aurais pu être enseignant. Mes études m'y conduisaient. Beaucoup de mes amis le sont devenus, certains sont instituteurs, d'autres professeurs agrégés. C'est un très beau métier : éduquer des enfants, les éveiller, leur apprendre à vivre en société, leur transmettre son savoir pour le primaire et aussi le secondaire, leur faire découvrir et maîtriser un domaine du savoir pour le supérieur.

C'est aussi un métier que j'ai vu devenir de plus en plus difficile. Certes, il y a les vacances, et les heures de cours sont limitées, facteurs d'attraction essentiels pour certains d'entre nous. Mais il y a beaucoup de contraintes moins visibles : préparation des cours, corrections des copies, relations avec les parents, travaux de recherche à l'université, etc. Avec l'augmentation du nombre d'enseignants et les difficultés budgétaires de l'État, dont l'enseignement est le premier poste de dépenses, les rémunérations n'ont pas suivi. Et surtout, avec l'évolution des comportements des

EN ROUTE VERS LES PÉNURIES ?
IL Y A UNE ALTERNATIVE...

élèves et des parents, les conditions d'exercice se sont dégradées. À présent, l'État peine à recruter.

Pourtant, l'école joue un rôle clé dans notre éducation et notre formation, à côté de ce qu'apportent la famille, notre environnement social, notre environnement religieux le cas échéant, nos activités sociales, artistiques et sportives, les réseaux sociaux quand nous commençons à les pratiquer, et l'entreprise au travers de stages d'abord, puis quand nous entrons dans le monde du travail.

L'école présente la caractéristique de donner le bagage commun, les autres vecteurs d'apprentissage étant différenciés. Elle peut d'autant mieux le faire que les enseignants sont rémunérés par l'État et que les programmes sont définis par lui, dans l'enseignement public comme dans l'enseignement privé sous contrat, c'est-à-dire dans la quasi-totalité de l'enseignement. Mais elle a aussi sa personnalité propre, qui se traduit dans la psychologie des enseignants et les attitudes de leur représentation syndicale. Quel rôle pourrait-elle avoir dans les transformations mises en perspective dans les chapitres précédents ?

TOUT COMMENCE À L'ÉCOLE

L'école transmet-elle suffisamment les savoirs ?

Le premier rôle est celui de la transmission des savoirs, en commençant par les savoir de base : lire, écrire, compter. Notre régression dans les comparaisons internationales (classement PISA notamment) est un signal d'alerte. Nous ne transmettons plus suffisamment les savoirs de base. Est-ce parce que notre niveau d'ambition ou d'exigence a baissé ? Par exemple, nous avons réduit l'étendue du vocabulaire de base dont la maîtrise est attendue des élèves, espérant donner accès à cette étendue réduite à un ensemble plus vaste d'élèves, dans un souci d'égalité sociale, et simultanément entrepris la réécriture d'œuvres de la littérature pour enfants avec un vocabulaire restreint, espérant lui donner un accès plus large.

Mais cette médaille a un revers : la civilisation se développe avec le vocabulaire, la maîtrise des concepts avec celle des mots qui les portent. La langue française est une langue riche et subtile, grande langue de la littérature et de la diplomatie. En restreignant le vocabulaire enseigné à l'école, nous en supprimons l'accès à tous ceux qui ne

EN ROUTE VERS LES PÉNURIES ?
IL Y A UNE ALTERNATIVE...

pourront pas l'apprendre à la maison, les privant irrémédiablement de cet élément clé de la progression sociale : l'ascenseur social s'arrête pour eux à l'entresol. Et collectivement, notre niveau moyen décline, laissant à d'autres pays les activités les plus porteuses de valeur ajoutée. Nous sommes, par exemple, peu présents dans la Tech, comparés à nos compétiteurs américains ou chinois.

Cette indispensable exigence ne concerne pas que le primaire. Arrivées au bac, les générations actuelles ont un savoir global inférieur à celui des générations qui les ont précédées. Mais d'autres pays n'ont pas pareillement régressé, et le niveau d'éducation augmente, par exemple, en Chine ou en Inde, jusqu'à l'université. Ceci se répercute dans la concurrence internationale, et impacte notre compétitivité et notre niveau de vie.

N'est-il pas temps de nous réinterroger sur notre ambition pour notre école ?

Quels savoir-être l'école transmet-elle ?

TOUT COMMENCE À L'ÉCOLE

L'école et notre système éducatif ne transmettent pas que des savoirs, ils enseignent également une culture et des comportements. Le domaine est vaste, je me limiterai à quelques exemples pour lesquels des améliorations seraient utiles dans la perspective du présent essai.

Dans la perspective tracée au chapitre 18, une première réflexion s'articule autour de la confiance en soi. Notre attitude face à la vie commence à se façonner au plus jeune âge, les pédiatres affirment qu'à deux ans, les jeux sont en partie faits. Comme indiqué précédemment, j'ai été marqué sur ce point par mon expérience américaine. Dans l'espace des jeux d'enfant du jardin public, le parent français dit au petit enfant : « Fais attention ! » ou « Sois très prudent ! » Le parent américain dit : « Va, va, tu peux le faire ! » La confiance en soi ne se développe pas de la même façon. L'approche américaine n'empêche pas le respect des autres, bien au contraire, c'est un élément clé des apprentissages dès le début de la scolarité.

À l'école, nous avons en tête l'appréciation d'enseignants que nous avons presque tous connue :

EN ROUTE VERS LES PÉNURIES ?
IL Y A UNE ALTERNATIVE...

« peut mieux faire », visant à nous encourager à l'effort. Mais avec le risque de décourager. Commencer par acter ce qui va bien, et les progrès réalisés, parler en pratique de la partie pleine du verre, est pourtant un encouragement fructueux, à compléter ensuite par les points d'amélioration, de façon plus pédagogique que critique au demeurant. Fort heureusement, de nombreux enseignants opèrent de la sorte. Peut-on espérer déplacer davantage le curseur dans le sens positif ?

Pour ce qui est de l'attitude face au travail, il y a une difficulté intrinsèque. Le corps enseignant a pour la grande majorité le statut de la fonction publique. Après avoir suivi un parcours exigeant et réussi un examen difficile, et une fois titularisé, il bénéficie en règle générale d'un emploi à vie. Ce qu'il produit est essentiel, mais sa valeur en euros n'est pas mesurable. Salarié de l'État, son employeur n'a pas de compte d'exploitation et ne peut pas faire faillite.

Dans son univers, la sécurité de l'emploi va de soi, et la rétribution n'est pas corrélée à la qualité de la production. Pour espérer être augmenté au-delà du déroulement de carrière à l'ancienneté, le meilleur moyen demeure collectivement de faire grève ou de manifester, et à défaut d'être suffisamment rémunéré, une compensation naturelle est de moins travailler.

L'enseignant n'a pas l'expérience directe du travail dans le secteur non public, où la sécurité de l'emploi dépend plus de l'employabilité et de la satisfaction du client que de la nature du contrat de travail, et où des reconversions professionnelles peuvent s'imposer quand des secteurs d'activité disparaissent comme en son temps dans la sidérurgie et aujourd'hui l'industrie automobile thermique. Il a souvent un attrait plus marqué pour les activités intellectuelles que manuelles, alors que dans notre économie, tout métier mérite un égal respect et une égale considération. Son attitude naturelle face à la vie au travail ne correspond pas aux caractéristiques du marché du travail non public.

Il parlera davantage d'efficacité que d'efficience, le concept est plus facilement appréhendable, et répandu dans le secteur public. En cours d'économie, il parlera de contrats précaires à

EN ROUTE VERS LES PÉNURIES ?
IL Y A UNE ALTERNATIVE...

propos des CDD et de l'intérim, alors qu'il s'agit de contrats courts, très sûrs pour le travailleur ayant une bonne employabilité, davantage qu'un CDI dans un secteur menacé. Il parlera davantage de rapport de force avec l'employeur que d'équilibre entre la contribution et la rétribution. Il sera plus sensible à la protection contre les risques qu'à la prise de risques.

Pouvons-nous espérer que cette situation évolue, pour que le système éducatif prépare mieux à la vie active dans un contexte exposé à la contrainte du compte d'exploitation et à la concurrence domestique et internationale ? C'est sans doute accessible sur les sujets de valorisation et d'encouragement des élèves, générant des références et des attitudes utiles pour ceux qui auront des fonctions d'encadrement ou de direction. C'est plus improbable pour l'écart entre la culture administrative et la culture du monde de l'entreprise.

Les stages progressivement mis en place dans les parcours scolaires et l'alternance offrent de meilleures perspectives. Peut-être un complément de formation ad hoc, en forme d'initiation à la vie professionnelle, devrait-il être donné au moment de l'entrée dans la vie professionnelle, à la main des branches professionnelles et en liaison avec leurs organisations syndicales ? Il ouvrirait de plus la perspective, au-delà de l'école, à un meilleur accompagnement de formation professionnelle qui accompagne les évolutions technologiques et maintienne l'employabilité tout au long de la vie active.

Comment améliorer la contribution de l'école ?

Quoi qu'il en soit, le sujet de l'amélioration de l'efficience de notre système éducatif a fait et continue de faire l'objet de nombreux travaux, plus encore depuis que la prise de conscience de notre décrochage s'est faite. Une approche d'ensemble déborde le cadre du présent essai. Je retiendrai trois perspectives.

La première permet à la fois de rétablir l'attractivité du métier et d'améliorer l'efficacité du système éducatif : il s'agit de rétablir la discipline en classe. Le respect des enseignants, par les élèves et par leurs parents, est clé. Plus facile à dire qu'à faire.

EN ROUTE VERS LES PÉNURIES ?
IL Y A UNE ALTERNATIVE...

Une mobilisation des enseignants sur cet aspect clé de leurs conditions de travail, peut-être même une révolte, dans un mouvement partant du terrain, est sans doute un point de passage obligé. Cela permettrait de proposer des mesures concrètes adaptées, et mieux acceptées que s'il s'agit d'initiatives venant d'en haut et qui rencontreront comme toujours de nombreuses oppositions.

La deuxième est politiquement sensible : il s'agirait de mettre fin à la guerre scolaire. Comme on le verra au chapitre prochain, nous avons globalement besoin d'unité, de confiance mutuelle. En matière d'éducation, il s'agirait d'unir nos efforts. Nous n'avons plus les moyens de cette guerre de religion qui date d'une autre époque. Au demeurant, l'aspect religieux de l'enseignement privé s'est estompé, quand il n'a pas complètement disparu. Si les parents veulent inscrire leur enfant dans un établissement privé, et si les enseignants préfèrent y enseigner, pourquoi les en empêcher ? Le système est efficient, les coûts sont inférieurs à ce qu'ils sont dans le public[54]. L'argument de l'accessibilté

---

[54] Assemblée nationale. *Rapport d'information*, n° *2423*. 2 avril 2024. assemblee-nationale.fr

sociale, souvent évoqué, peut trouver une solution avec un développement des bourses suggéré au chapitre précédent, et une ouverture de nouveaux établissements qui soit équitablement répartie sur le territoire.

Enfin, les benchmarks, copie des meilleures pratiques, avec une large place donnée aux expérimentations sont de nature à nous permettre de combler l'écart que nous avons pris par rapport à nos meilleurs concurrents, tant en moyenne que pour ceux qui constitueront nos élites demain.

Plus largement, nos enseignants sont des citoyens, souvent engagés, qui trop souvent souffrent de la situation actuelle. C'est en partant du terrain, de la base, qu'émergeront les voies et moyens d'évolutions devenues nécessaires.

CHAPITRE XXII

Des politiques ou des prophètes ?

Comme on l'a vu précédemment, nous pourrions augmenter progressivement notre production et notre revenu par tête de près de 15% en moyenne en mobilisant nos réserves de travail, et en outre améliorer sensiblement l'efficience de notre large secteur public. La situation actuelle de nos finances publiques n'est pas insurmontable, en témoignent avec des scénarios divers le Canada, l'Allemagne, l'Espagne, l'Italie, le Portugal, et aussi la Grèce, et bien d'autres pays. Pourtant, la situation politique est bloquée.

Pour certains d'entre nous, les injustices sociales sont trop grandes, les riches sont de plus en plus riches et les grandes entreprises de plus en plus prospères, c'est trop injuste, la priorité est de travailler moins, de réduire les injustices sociales, et de davantage redistribuer l'argent des riches et des entreprises.

Pour d'autres, nous consommons et voulons consommer plus que nous ne produisons, et nous

EN ROUTE VERS LES PÉNURIES ?
IL Y A UNE ALTERNATIVE...

redistribuons plus que dans tous les autres pays et plus que nous ne sommes capables de prélever. Les prélèvements obligatoires sont dans notre pays les plus élevés au monde, et la dette que nous accumulons depuis 50 ans est en train de nous étouffer sous le poids de ses intérêts ajouté à notre déficit primaire. Prélever davantage est contreproductif. Il faut par priorité réduire les dépenses publiques.

Pour d'autres, l'argent des riches est indispensable à nos investissements, nous en manquons, et de plus, si nous les taxons davantage, certains vont se délocaliser. Il faut au contraire créer un environnement plus favorable aux investissements, français et aussi étrangers, et travailler et produire davantage pour résorber nos déficits.

Chacun voit davantage ce qu'il a à perdre dans les propositions des autres que ce qu'il pourrait apporter. Le jeu politique reste donc bloqué.

Nous espérons parfois que surgisse un homme providentiel qui apportera la solution. Mais, si de telles circonstances existent, elles sont la rencontre

DES POLITIQUES OU DES PROPHÈTES ?

d'un homme et d'un moment. Le général de Gaulle s'est retiré à Colombey-les-Deux-Églises en 1945, et s'il s'est préparé à revenir, c'est l'impasse dans laquelle se trouvait notre pays en 1958 et ses graves conséquences qui ont conduit à se tourner vers lui. Nous n'avons pas encore le sentiment d'être dans une situation aussi critique.

Depuis 50 ans, nous dépensons et redistribuons davantage que nous ne pouvons prélever, quels que soient la majorité politique et le Gouvernement. Nous n'avons pas pris en compte à son juste niveau le retournement démographique que nous subissons depuis 15 ans et encore pour quinze ans avec le basculement des générations nombreuses du baby-boom à la retraite, et qui sera suivi des effets de la baisse de la fécondité. Nous ne travaillons collectivement plus assez, la production nous manque, mais les règles existantes comme le niveau des prélèvements obligatoires nous dissuadent de travailler davantage.

L'endettement nous a permis de reculer l'ajustement, mais la dette accumulée nous asphyxie à présent. Les dépenses des collectivités publiques sont-elles

EN ROUTE VERS LES PÉNURIES ?
IL Y A UNE ALTERNATIVE...

excessives, avons-nous trop redistribué, ou n'avons-nous pas assez prélevé ? En tout cas, il n'y aura pas de solution acceptable par les uns si les autres n'y contribuent pas, et le jeu politique demeurera bloqué, chaque sensibilité politique confortant sa base dans ses convictions, d'autant plus que l'idée qui prévaut actuellement est que pour réussir en politique, il faut cliver. Il y a pénurie de confiance mutuelle.

Comment passer à un jeu coopératif ? Comment reconstruire une confiance mutuelle suffisante, comme nous le fîmes au sein du Conseil national de la Résistance face à une adversité exceptionnelle ? Sans doute faudra-t-il pour débloquer le jeu que chacun contribue au moins un peu, en fonction de ses moyens, sans que personne ne soit exonéré ou à l'abri de l'effort. C'est plus globalement un tournant dans nos mentalités qui est nécessaire, mentalités façonnées par des décennies de prospérité, d'abondance de main-d'œuvre et d'énergies peu chères, d'individualisme et de redistribution sociale, dans un environnement géopolitique stable entre grandes puissances et en Europe.

DES POLITIQUES OU DES PROPHÈTES ?

Le temps du retour de la Fraternité française ne devrait-il pas revenir ? Sans elle, la Liberté ne devient-elle pas trop souvent égoïste, et l'Égalité jalouse ?

Qui en inventera les éléments de langage ?

Le moment des prophètes, penseurs, auteurs, réalisateurs, ou philosophes est-il revenu, comme avant les grands tournants de l'Histoire, au début de notre ère, lors de la Renaissance, au Siècle des Lumières, voire avec le marxisme au XIXe siècle quelles qu'aient été les vicissitudes de sa mise en œuvre ?

CONCLUSION
Avoir envie d'avoir envie

Ainsi, nous pourrions progressivement augmenter notre PIB par tête de près de 15% au-dessus de son niveau actuel sans transpirer ni stresser davantage. Cela ne ferait que rattraper le retard que nous avons pris en 25 ans sur nos voisins allemands. C'est de 450 milliards d'euros à produire, à se partager et à consommer qu'il s'agit, à comparer par exemple aux 40 milliards de réduction du déficit budgétaire recherchés pour 2026. Cela ne dépend pas des autres, mais de nous individuellement et collectivement. Pour autant, en avons-nous envie ?

Certes, il y a une difficulté de court terme. À force de dépenser collectivement plus que nous n'avons réussi à prélever, nous avons accumulé une dette qui nous asphyxie, et il y a maintenant urgence à nous ajuster. Le besoin d'ajustement est considérable.

Dans la situation actuelle, le déficit de 2024 a atteint 170 milliards d'euros, à réduire de 120 milliards d'ici 2029 pour reprendre la maîtrise de nos finances publiques : d'ici 2029, les intérêts

EN ROUTE VERS LES PÉNURIES ?
IL Y A UNE ALTERNATIVE...

de la dette augmenteront d'environ 50 milliards d'euros, pour un total de 100 milliards environ, soit 3% de notre PIB, le plafond compatible avec la maîtrise de nos finances publiques.

Cela signifie que nous devons revenir à l'équilibre primaire de nos finances publiques. L'effort de défense dont la nécessité est apparue en ce début d'année appelle en outre 50 milliards d'euros de dépenses supplémentaires, à financer, qui s'ajoutent aux 120 évoqués ci-dessus, soit 170 environ, de l'ordre de 6% du PIB.

Un tel ajustement est possible. D'autres pays l'ont fait. Jacques de Larosière, ancien gouverneur de la Banque de France et ancien directeur général du FMI dans son ouvrage « Le déclin français est-il réversible ? »[55] expose comment réduire notre déficit public de 200 milliards d'euros.

Quelles que soient les modalités qui seront retenues, cet ajustement aura un effet négatif immédiat sur notre croissance. Autant le regarder

---

[55] Jacques de Larosière. *Le déclin français est-il réversible ?* Odile Jacob. 11 septembre 2024.

AVOIR ENVIE D'AVOIR ENVIE

en face. Les PIB du Portugal, de l'Espagne et de l'Italie ont diminué de 5 à 9% pendant leur période de redressement, et cas extrême celui de la Grèce a diminué de 27% de 2008 à 2016[56]. Cet ajustement est d'une telle ampleur que les moyens qui seront retenus ne permettront de satisfaire ni les objectifs d'efficacité économique et fiscale exigés par les uns, ni les objectifs de justice sociale également exigés par les autres. Se prononcer sur ses modalités est au cœur du débat budgétaire et politique actuel et des prochaines années.

Mais cet ajustement de court terme est un point de passage obligé pour accéder, en face des pénuries auxquelles nous serons de plus en plus confrontés, d'abord à un rattrapage une fois la situation assainie. L'exemple du Portugal[57] est particulièrement intéressant : grâce à un cocktail de mesures privilégiant à la fois la croissance et le redressement des comptes publics, notre voisin est en excédent budgétaire depuis 2023, et sa croissance

---

[56] Banque mondiale. *PIB (en unités de devises locales constantes) - Portugal, Greece, Spain, Italy*. donnees.banquemondiale.org

[57] Denis Ferrand. *Politique budgétaire : les leçons du Portugal pour la France*. Les Echos. 07 janvier 2025.

EN ROUTE VERS LES PÉNURIES ?
IL Y A UNE ALTERNATIVE...

cumulée depuis l'avant-crise est comparable à la nôtre pourtant soutenue par les déficits.

Cet ajustement permet surtout d'accéder au chemin de prospérité de moyen et long terme proposé dans cet essai. C'est lui qui, en réduisant par priorité le poids de la dépense publique et des prélèvements qu'elle nécessite, rendra au travail sa pleine attractivité. Pour prendre une image, il s'agit de faire un régime strict, peut-être même serons-nous contraints à une diète sévère si nous continuons de procrastiner, avant de pouvoir repartir d'un bon pied. Ayant en tête ce chemin de prospérité, il est essentiel d'en poser les bases pendant notre période d'ajustement, en préservant au mieux les actions d'avenir en matière de formation et d'investissement.

S'engager dans cette voie est, par rapport à nos débats actuels, une révolution copernicienne, fondée sur la responsabilité du peuple souverain, à l'image de la Suisse par exemple, avec à la clé une redécouverte de la confiance mutuelle, une amélioration continue de notre niveau de vie et de notre souveraineté, et la reconquête du respect international. C'est un cercle vertueux, qui produit ses effets dès qu'il est clairement engagé, en commençant par le retour de la confiance des prêteurs et la baisse de la prime de risque sur notre dette publique. Notre avenir est entre nos mains…

Mes chers concitoyens, nous qui formons le peuple souverain, avons-nous envie d'avoir envie de nous engager dans cette voie ?

REMERCIEMENTS

Je remercie les cosignataires des nombreux articles et tribunes publiés notamment dans Les Echos et L'Opinion, La Lettre de l'Assurance, le Magazine des professions financières & de l'économie et le Crapslog, et qui ont inspiré beaucoup de passages de cet ouvrage : Denis Kleiber, Rainier Brunet-Guilly et Jean Vincensini au titre des Forums Mac Mahon, et Didier Bazzocchi pour le CRAPS. Je leur associe les équipes pour leur soutien à nos travaux et à nos publications, et tout particulièrement Catherine Chevassut pour les Forums Mac Mahon, et Fabien Brisard pour le CRAPS sans qui cet ouvrage n'aurait pas vu le jour.

Je remercie aussi mes complices de longue date avec qui nous avons discuté parfois longuement sur de nombreux aspects ou des points particulièrement sensibles de cet ouvrage, et sur bien d'autres sujets : Jérôme Cabouat, Didier Kauffmann et Michel Tessarrotto, sans qu'ils n'approuvent tout ce que j'écris.

EN ROUTE VERS LES PÉNURIES ?
IL Y A UNE ALTERNATIVE...

Je fais une mention particulière pour Brigitte Picquenard, avec qui nous échangeons depuis plus de 15 ans en marge de nos relations professionnelles, avec qui j'ai débattu de chacun des chapitres de cet ouvrage et qui par ses recherches a apporté une contribution décisive à son enrichissement.

Bien d'autres ont contribué, parfois sans le savoir, en creux ou en relief, à l'élaboration de mes analyses et convictions. Sans doute se reconnaîtront-ils dans certains propos, ou certaines prudences rédactionnelles ! Qu'ils soient ici chaleureusement remerciés.

Je remercie également Laetitia, ma fille, auprès de qui je teste, confronte et approfondis depuis longtemps mes perceptions et analyses avant de les publier, ainsi que son mari, Gonzague Bizoüard, qui les enrichit de ses propres analyses et expériences.

Je remercie tout particulièrement Isabelle, mon épouse. Avec elle, nous avions cosigné un précédent ouvrage « Solidarité d'aujourd'hui, fraternité de demain », inspiré par le même questionnement que

REMERCIEMENTS

pour le présent essai, essai qu'elle a accompagné de la genèse à la relecture.

Je tiens à mentionner également l'appareil statistique de l'État (Insee, Drees et Dares), ses dirigeants et ses collaborateurs qui, par les chiffres qu'ils publient, mettent à la disposition du public une matière objective riche et abondante, accompagnée de précieuses études, même si celles-ci ne sont pas toutes à l'abri de certains biais cognitifs décrits dans cet essai : du dialogue naît la lumière.

Je remercie enfin les membres du Comité de relecture du CRAPS, Hervé Chapron, Bruno Coquet et Michel Monier pour leur bienveillante exigence, ainsi que pour les clarifications et approfondissements issus de leurs remarques, sans que la version finale du texte ne les engage sur le fond, l'auteur conservant la pleine responsabilité de son propos.

AUTRES PUBLICATIONS

Isabelle et Régis de Laroullière

SOLIDARITÉ D'AUJOURD'HUI, FRATERNITÉ DE DEMAIN. *Aux éditions Le Cherche Midi. Illustré par Piem. Novembre 2000.*

Du Cercle de Recherche et d'Analyse sur la Protection Sociale (CRAPS)

OBÉSITÉ : UNE GRANDE CAUSE NATIONALE ! *Avril 2025.*

PRÉVENTION & NUMÉRIQUE : UNE URGENCE POLITIQUE ! *Octobre 2024.*

VALEUR TRAVAIL : UNE VALEUR À PARTAGER. *Mai 2024.*

LES 11 INCONTOURNABLES DE LA PROTECTION SOCIALE [TEXTES & DISCOURS]. *Novembre 2023.*

LES NOUVEAUX CHEMINS DE LA PERFORMANCE EN SANTÉ. *Mars 2023.*

VOYAGE DANS L'HISTOIRE DE LA PROTECTION SOCIALE. *Décembre 2022.*

REFONDER NOTRE SYSTÈME DE SANTÉ : 4 INSPIRATIONS DANOISES. *Mai 2022.*

ET SI… LA PROTECTION SOCIALE ÉTAIT AU CŒUR DU PROCHAIN QUINQUENNAT ? *Avril 2022.*

PENSER LE SOCIAL : 5 QUESTIONS POUR 2022. *Février 2022.*

RECHERCHE MÉDICALE : LES #IDÉES DES ACTEURS. *Juillet 2021.*

PSYCHIATRIE & SANTÉ MENTALE : LES #IDÉES DES ACTEURS. *Juin 2021.*

PRÉVENTION & FONCTION PUBLIQUE. *Juin 2021.*

LA PROTECTION SOCIALE DE LA COMMUNAUTÉ SÉCURITÉ-DÉFENSE : LES #IDÉES DES ACTEURS. *Mars 2021.*

PENSER LE SOCIAL : 5 NOUVELLES LEÇONS. *Mars 2021.*

LES MUTUELLES, LES SYNDICATS, L'ÉTAT DANS LA PROTECTION SOCIALE COMPLÉMENTAIRE DES AGENTS DE L'ÉTAT. *Mars 2021.*

TOUS SOLITAIRES, TOUS SOLIDAIRES (JEANNICK TARRIÈRE). *Septembre 2020.*

HÔPITAL : LES #IDÉES DES ACTEURS. *Juillet 2020.*

5 LEÇONS POUR PENSER LE SOCIAL AU XXIE SIÈCLE. *Juillet 2020.*

QUI VEUT TUER LES MUTUELLES ? *Juin 2020.*

NOUVEAU MONDE, NOUVELLE PROTECTION SOCIALE ! *Mai 2017.*

LA PROTECTION SOCIALE EN 500 MOTS. *Octobre 2015.*

LE LIVRE BLANC. *Novembre 2012.*

Cahiers

L'INTELLIGENCE ARTIFICIELLE : UN DÉFI POUR LA PROTECTION SOCIALE. *Intelligence artificielle. 2020.*

TERRITOIRES DE SANTÉ : DE NOUVELLES FRONTIÈRES. *Santé. 2019.*

FORMATION PROFESSIONNELLE : DU MARCHÉ À L'INDIVIDU. *Formation professionnelle. 2019.*

RETRAITE : UN PATRIMOINE COLLECTIF. *Retraite. 2018.*

UNE BOMBE À MÈCHE LONGUE. *Chômage, formation, accompagnement et indemnisation. 2017.*

L'EMPLOI : UN DÉFI EUROPÉEN. *Emploi et Europe. 2017.*

QUATRE STRATÉGIES POUR MAÎTRISER LA DÉPENSE. *Assurance maladie. 2017.*

QUELQUES VÉRITÉS POUR LA PÉRENNITÉ D'UN PATRIMOINE COMMUN. *Financement de la Sécurité sociale. 2017.*

HUIT PISTES POUR RELEVER LES DÉFIS DE L'HÔPITAL PUBLIC. *Hôpital. 2017.*

POUR STRUCTURER LA MÉDECINE DU XXIe SIÈCLE : LA TÉLÉMÉDECINE. *Télémédecine. 2017.*

BIG DATA ET NOUVELLES TECHNOLOGIES, LA PROTECTION SOCIALE À L'HEURE DE LA RÉVOLUTION NUMÉRIQUE. *Big data et nouvelles technologies. 2017.*

UN QUINQUENNAT POUR RETROUVER UNE AMBITION FRANÇAISE CONTRE LE TABAGISME. *Lutte contre le tabagisme. 2017.*

QUELLE POLITIQUE MENER ? *Addiction à l'alcool. 2017.*

UNE QUESTION DE MÉTHODE. *Dialogue social. 2017.*

Crapslogs

« **IL FAUT SE PENCHER SÉRIEUSEMENT SUR L'AVENIR DE NOTRE MODÈLE DE PROTECTION SOCIALE** ». *Janvier 2025.*

« **NOUS NE POUVONS PLUS RAISONNER COMME NOUS LE FAISONS ACTUELLEMENT** ». *Mars 2024.*

12 SOLUTIONS RADICALES POUR L'ACCÈS AUX SOINS ET LA COHÉSION SOCIALE. *Juin 2023.*

PLFSS 2023 : LA POLITIQUE DU RABOT SIGNE SON GRAND RETOUR. *Janvier 2023.*

LES DONNÉES SOCIALES AU CŒUR D'UNE JUSTE PRESTATION. *Juin 2022.*

PLFSS 2022 : LE QUOI QU'IL EN COÛTE EST-IL UNE BONNE RECETTE ? *Janvier 2022.*

L'ÉTAT SOUHAITERAIT-IL S'ARROGER LE MONOPOLE DES SOLIDARITÉS ? *Août 2021.*

SÉGUR DE LA SANTÉ. *Novembre 2020.*

SPÉCIAL COVID-19. *Juin 2020.*

RETRAITE : DÉCHIFFRER LE POINT ! *Mars 2020.*

PLFSS SUR FOND DE CRISES. *Décembre 2019.*

LE DANEMARK : LES ENSEIGNEMENTS D'UNE RÉFORME ABOUTIE. *Octobre 2019.*

PLAIDOYER POUR UNE EUROPE SOCIALE ! *Mai 2019.*

HEUR ET MALHEUR DE L'ASSURANCE CHÔMAGE. *Février 2019.*

L'ORGANISATION INTERNATIONALE DU TRAVAIL : UNE UTOPIE EN MARCHE ! *Octobre 2018.*

QUELQUES VÉRITÉS SUR LE MÉDICAMENT. *Mai 2018.*

QUELLE NOUVELLE RÉFORME DU SYSTÈME DE SANTÉ AVANT LA CRISE ? *Février 2018.*

LE MODÈLE MUTUALISTE DANS LES PAYS EN VOIE DE DÉVELOPPEMENT : QUELLE IMPLANTATION ? *Novembre 2017.*

LE GRAND APPAREILLAGE ORTHOPÉDIQUE. *Novembre 2017.*

LA SANTÉ À L'ÉPREUVE DES TERRITOIRES. *Juillet 2017.*

LES MUTUELLES AU CŒUR DE NOTRE AVENIR. *Janvier 2017.*

UNE ÉPIDÉMIE NOMMÉE TABAC. *Mai 2016.*

LE NUMÉRIQUE AU CHEVET DE LA MÉDECINE... *Mars 2016.*

L'ENJEU DU VIEILLISSEMENT SUR LA POPULATION. *Mai 2015.*

EMPLOI : NÉCESSAIRE MAIS PAS SUFFISANT. *Janvier 2015.*

DÉMOGRAPHIE MÉDICALE. *Avril 2013.*

PARTENAIRES DU CRAPS

*Cet essai n'engage que son auteur,
il n'engage pas les partenaires du think tank.*

Aéma groupe

AirInSpace

Assia

Avenir Mutuelle

Biogen

Bristol Myers Squibb

Caisse des Français à l'Étranger (CFE)

Caisse Mutualiste Interprofessionnelle Marocaine (CMIM)

Centre Hospitalier Stell

Centre National de l'Expertise Hospitalière (CNEH)

Centre Technique des Institutions de Prévoyance (CTIP)

Confédération des Syndicats Médicaux Français (CSMF)

CPAM de l'Essonne

CPAM de Paris

CPAM des Hauts-de-Seine

Centre Hospitalier Universitaire de Bordeaux

Centre Hospitalier Régional Universitaire de Nancy

EuroGroup Consulting

Fédération Hospitalière de France (FHF)

Fédération de l'Hospitalisation Privée (FHP)

Fédération Française des Masseurs Kinésithérapeutes Rééducateurs (FFMKR)

Fédération Nationale des Établissements d'Hospitalisation à Domicile (FNEHAD)

Fédération Nationale des Orthophonistes (FNO)

Gerep

GMF

Groupe Relyens

Groupe Vyv

Heka

Hôpital Foch

IBM

Intuitive

La France Mutualiste

Leem

Les Hôpitaux Universitaires de Strasbourg

Livi

Mercer

Mutuelle Civile de la Défense (MCDef)

Mutuelle des Affaires Étrangères et Européennes (MAEE)

Mutuelle Générale de la Police (MGP)

Mutuelle Nationale des Hospitaliers (MNH)

Mutualité Sociale et Agricole (MSA)

My Hospitel

Novo Nordisk

Organisation Internationale du Travail (OIT France)

Oxea conseil

Pfizer

Philips

Mutuelle du Ministère de la Justice

Proxicare

Servier

Syndicat des Audioprothésistes (SDA)

Syndicat des Biologistes

Syndicat National Autonome des Orthoptistes (SNAO)

Thémis Conseil

Unéo

Unicancer

Union Nationale des Professions Libérales (UNAPL)

Union des Syndicats de Pharmaciens d'Officine (USPO)

Urops

YCE Partners

Édité par le
Cercle de Recherche et d'Analyse sur la Protection Sociale
(CRAPS)
45 rue Boissy d'Anglas
75008 Paris

© CRAPS 2025

Tous droits réservés.

Toute reproduction ou transmission, même partielle, sous quelque forme que ce soit, est interdite sans autorisation écrite du détenteur des droits.

Relecture et Conception : RédactNet - Karen Platel
et Pierre-Maxime Claude

N°ISBN : 978-2-492470-23-3

Impression : Libri Plureos GmbH,
Friedensallee 273, 22763 Hamburg (Allemagne)

Dépôt légal : juin 2025